日语教学与人才培养研究

宁翠玲　著

哈尔滨出版社
HARBIN PUBLISHING HOUSE

图书在版编目（CIP）数据

日语教学与人才培养研究／宁翠玲著. -- 哈尔滨：
哈尔滨出版社，2024.7. -- ISBN 978 - 7 - 5484 - 8108 - 9

Ⅰ. H369

中国国家版本馆 CIP 数据核字第 20241AJ268 号

书　　名：日语教学与人才培养研究
RIYU JIAOXUE YU RENCAI PEIYANG YANJIU

作　　者：宁翠玲　著

责任编辑：李　欣

封面设计：赵庆旸

出版发行：哈尔滨出版社（Harbin Publishing House）

社　　址：哈尔滨市香坊区泰山路 82 - 9 号　　邮编：150090

经　　销：全国新华书店

印　　刷：北京虎彩文化传播有限公司

网　　址：www. hrbcbs. com

E - mail：hrbcbs@yeah. net

编辑版权热线：（0451）87900271　87900272

销售热线：（0451）87900202　87900203

开　　本：787mm×1092mm　1/16　印张：9.75　字数：210 千字

版　　次：2024 年 7 月第 1 版

印　　次：2024 年 7 月第 1 次印刷

书　　号：ISBN 978 - 7 - 5484 - 8108 - 9

定　　价：48.00 元

凡购本社图书发现印装错误，请与本社印制部联系调换。

服务热线：（0451）87900279

前　言

在经济全球化深入发展的时代背景下，中国与世界各国的联系日益紧密，特别是在经济、文化、科技等领域。日语教学面临的新机遇要求教师不仅要传授语言知识，更要培养学生的国际视野和跨文化交流能力，成为复合型日语人才。这需要教师转变传统的教学理念和方法，将语言学习与文化学习相结合，让学生在掌握语言的同时深入了解日本社会、历史和文化，从而提升语言应用能力。

本书聚焦于日语教学与人才培养研究，从日语教学的基础理论到具体实践，涵盖了文化视角下的听、说、读、写及翻译教学，并探讨了现代教学法如翻转课堂、多媒体与互联网在日语教学中的应用。同时，本书也关注学生批判性思维的培养，以及如何构建有效的日语人才培养模式，力图探索一条能够满足现实需求的教学创新之路，为日语从教者提供科学指导，提升教学效率。

本书编撰过程中，作者广泛汲取了前人的研究成果，虽无法一一列举，但对所有贡献者致以崇高敬意。鉴于时间和精力的限制，书中可能仍有不完善之处，诚挚邀请各位专家与读者批评指正，以期本书能不断完善，为日语教学与人才培养的创新实践提供参考。

日语教学的任务是结合文化教育、利用现代科技手段、培养批判性思维，以及建立满足新时代需求的人才培养体系，从而促进中日两国人民友好交流。

目　录

第一章

日语教学概览

第一节　日语教学的目标与方针

一、日语教学的目标

（一）日语教学的内容目标

1. 基础阶段教学的内容目标

大学一、二年级的日语教学内容标准主要针对大学日语专业（零起点）一、二年级的教学，以及社会力量办学中的最初一两年内的日语教学。

日语专业基础阶段的教学基本要求如下。

（1）知识教学目标分析

确保每学年的教学活动不少于 500 学时，目标是在两年周期内，学生能够牢固掌握现代日语的语音、语法与词汇基础，达到熟练运用听、说、读、写技能的程度。学生应在规定语言材料范围内，准确且流畅地使用日语进行口头和书面交际，奠定坚实的语言学习基石。

强化日语语音教学，确保学生发音清晰、语调自然，符合标准，避免显著的语音偏差，以提升语言表达的真实性和可理解度。

深化语法知识掌握，要求学生对日语语法的核心要素有清晰的认知，特别是对于复杂语法规则能够深刻理解并在实际对话中准确应用，避免重大语法错误，确保交际顺畅无碍。

拓展词汇量至大约 8000 词，覆盖 250 个基础句型及 200 个常用短语，其中至少半数词汇和表达需达到主动运用的水平，即学生能够在不同语境中自如运用这些语言元素，增强语言的多样性和表达力。

日语教学的目标是全方位提升学生的语言综合能力，涵盖语音准确度、语法精确性、词汇丰富度及实际沟通技巧，确保学生能够在各种情境下自信且有效地运用日语进行交流。

（2）语言技能教学目标分析

在听解能力上，学生应能理解日本人日常交流的内容，包括与课程难度相匹配的各种录音材料，其中陌生词汇的比例控制在3%以内，避免出现未学过的语法结构。

口语表达方面，要求学生能够流畅地进行生活场景对话，有效参与一般社交和事务性讨论，能够在熟悉话题的基础上，进行超过3分钟的连续演讲，确保用词恰当、语法准确，无显著语言错误。

阅读技能方面，学生须能准确朗读包含少量生词（不超过3%）且无新语法点的各类文本，发音清晰，富有情感。同时，他们应能快速理解与课程难度相当的文章，精确把握内容，并用日语口头概括主旨。此外，借助词典，学生还应有能力阅读非专业领域的普通日文报刊。

至于写作，学生需具备记录和改写所听、所读内容的能力，能在两小时内撰写出600字以上的应用文或记叙文，确保文章条理清晰，语法和词汇运用基本无误，达到文从字顺的标准。

整体而言，日语学习的目标是让学生在听、说、读、写四个方面均达到较高的熟练度，能够自如应对日常生活和学术交流中的各种语言挑战，具备良好的跨文化交际能力。

2. 高年级阶段教学的内容目标

日语专业三、四年级的教学内容是一、二年级日语教学内容的延伸，与基础阶段的教学相衔接。在进一步练好听、说、读、写、译几项基本功的同时，学生还要扩大视野，拓宽知识面，学习有关日本文化、文学等方面的内容。

（1）知识结构目标分析

按照高等院校日语专业高年级阶段教学大纲的要求，高级阶段的日语教学从语言知识教学转入语言理论、与语言相关的专业知识和理论的教学，我们需要结合专业选择教学重点和内容。因此课程的具体设置由各学校根据培养目标适当掌握，大纲只是对课程的目标本身做了详细规定。

（2）语言技能教学目标分析

①听的内容目标

在听力技能方面，目标设定为能够迅速且准确地理解日本人以标准语速进行的演讲或对话，确保反应敏捷，理解无误，并能够复述演讲或谈话的核心要点。此外，对于电视节目、现场采访的广播内容，以及带有地方口音的日语讲话，学生聆听后应当能够提炼出主要内容与关键细节，展现出对复杂听力材料的良好把握能力。这不仅要求学生具备扎实的日语听力基础，还需要他们在理解上下文、识别关键词汇及捕捉语调变化等方面有出色的表现。

②说的内容目标

在口语表达能力上，目标设定为能够用日语准确地传达个人的思想和情感，与日本人进行自由流畅的交谈，展现良好的沟通技巧。在经过短暂准备后，学生应能用日语进行即兴演讲或学术观点的表达，围绕熟悉的主题进行讨论乃至辩论，清晰有力地陈述个人观点。同时，学生要发音准确、语调自然，确保表达连贯、流畅，避免任何可能妨碍内容理解的重大语法错误。

此外，学生需掌握根据不同社交场合和交流对象选择适当语言表达方式的能力，特别是在理解词汇的褒贬意义、正确使用敬语及准确把握语气和语境色彩方面，做到基本不出错。这种能力的培养有助于学生在多元化的交流环境中，无论是正式会议还是日常对话，都能够得体而有效地运用日语，展现高水平的跨文化交际能力。

③读的内容目标

在阅读技能方面，设定的目标包括能够理解除了高度专业化的科技文献之外的现代日语文章，即使遇到最新外来语、流行语或少数生僻词汇，也能基本无障碍阅读。学生应能领悟一般日语文章的深层含义与作者意图，把握作品的情感基调与美学意境。他们需要具备良好的概括能力，能够提炼文章的主要内容，同时，还能独立分析文章的中心思想、结构布局、语言风格及修辞手法，展现批判性思维和深度理解能力。

对于古典文学作品，诸如古文、和歌、俳句等，学生应能借助工具书和参考注释，解读其基本含义，理解古代日本文化与文学的独特魅力。这种跨时代的阅读理解能力，不仅丰富了学生的文学素养，也加深了他们对日本历史和传统文化的认识。总体来说，这些目标旨在培养学生的广泛阅读兴趣和深度阅读技巧，使他们成为既能欣赏现代日语作品又能领略古典文学之美的全面阅读者。

④写的内容目标

在写作能力上，目标设定为能够运用日语撰写格式规范、语法正确的各类文章，包括但不限于书信、调查报告等实用文体，确保内容清晰明了。学生还应能创作内容丰富、视角广泛、论述深入的说明文、议论文及学术论文，展现其对议题的深入理解和独到见解。

在构思完备的基础上，学生应达到每小时600至700字的写作速度，同时维持高质量的语法准确性和词汇选择，正确使用简体和敬体，保证文章的专业性和礼貌性。这种综合写作能力的培养，不仅要求学生掌握丰富的词汇和语法知识，还要求他们具备良好的逻辑思维、批判性分析及对语言风格的敏感度，确保所写文章既具深度又不失优雅。

⑤译的内容目标

翻译技能的目标设定涵盖口译和笔译两个方面。在口译领域，学生应能在未做准备的情况下，灵活应对日常生活场景的即时翻译需求；经过适当准备，学生则需能够处理涉及政治、经济、文化等领域的复杂内容，确保翻译准确传达原意，语言流畅自然，同时敏锐捕捉并体现不同语境的情感色彩和说话者的心态。

笔译方面，学生应能高效翻译现代日语撰写的文章和书籍，面对古文材料，借助工具书和注释，亦能完成翻译任务。在汉译日的场景中，学生需达到与《人民日报》社论相似难度文章的翻译水平，保持每小时400至500汉字的翻译速度（相当于约1000日文字符）。反之，在日译汉时，学生应能以每小时500至600汉字的速度进行翻译。尤其在翻译文学作品时，学生的翻译不仅要传达原文的重要信息，还需保留作品的艺术氛围和文体特色，确保译文与原文在意境和风格上基本一致。

这些目标的实现，要求学生不仅精通日语和汉语的语言知识，还需具备深厚的文化底蕴、敏锐的语感及卓越的跨文化转换能力，确保翻译作品既忠于原文，又易于目标语言受众的理解和欣赏。

（3）实践教学目标分析

日语专业高级阶段的教学目标着重于毕业论文撰写与毕业实习，旨在全面提升学生的学术研究能力与实践操作技能。毕业论文的撰写旨在培养学生在书面表达上的精准运用，掌握学术论文的结构与写作技巧，同时增强其批判性思维、分析与解决问题的能力。论文选题需基于所学课程内容，鼓励学生展现原创观点，严格遵循学术诚信原则，正确标注引用来源，字数要求在 6000 至 8000 字，仅限于毕业考试合格的学生。

毕业实习环节则致力于将理论知识与实际应用紧密结合，通过实践检验并深化课堂学习成果，强化专业知识掌握，提升学生在真实工作环境中的独立思考与问题解决能力，为顺利过渡至职场生活奠定坚实基础。随着高等教育对人才培养质量的持续优化，社会对复合型外语人才的需求日益增长，这促使各大高校积极探索创新的实习实践课程设计，如增设见习、顶岗实习、海外实践、社会服务等多样化模式。

部分高校日语专业已实施赴日半年海外实习计划，还有学校将实习实践周期从 6 周大幅扩展至 4 个月，巧妙安排于大学三年级与四年级各学期间，有步骤、有目标地引导学生融入社会，拓宽语言实践渠道。学生实习、见习成绩评估主要依据工作态度、专业技能、业绩表现及实习报告质量等多维指标，由企业导师与校方指导老师共同评定，确保评价过程全面客观，有效促进学生综合素质的全面发展。

（二）日语教学的能力培养目标

1. 日语语言知识能力培养目标

语言被视为一个有机的整体系统，其结构的三大核心要素——语音、词汇与语法，共同构筑了日语知识教学的基石。在语言教学中，理论知识的传授涉及对语义的精细辨析，即如何解析词语和句子的意义；对语义概念的阐释，帮助学生理解语言表达背后的深层含义；对语言规则的讲解，确保学生掌握构成语言的规范与框架；以及使用方法的实践训练，旨在通过反复练习，使学生能够熟练运用语言规则进行有效沟通。

这一系列的教学活动旨在培养学生的语言感知能力，使其能够准确理解并运用日语的语音特性、词汇丰富性及语法结构，从而在实际交流中实现精准表达和有效沟通。通过系统地学习和实践，学生不仅能够掌握日语的基础知识，还能够深化对语言文化的理解，增强跨文化交流的能力。

（1）语音能力培养目标

日语语音能力的培养聚焦于学生掌握日语语音系统的全面技能，这一能力的构建既涉及先天的生理条件，也包含了后天的学习与练习。针对普通学习者，关键能力要素包括：

辨音能力：能够精确区分日语中的不同音位，即构成语言最小语音单位的能力。

发音能力：准确复制日语语音，确保每个音素的发出都符合日语语音的标准。

控音能力：结合听觉和动觉反馈，调节发音，确保声音的准确输出。

协调能力：使发音器官的动作协调一致，以产生清晰、连贯的语音流。

自动化能力：通过反复练习，言语动作变得流畅自然，无须过多意识控制。

语调感知与再现能力：理解并模仿日语特有的语调模式，包括重音、升降调等，以传达语气和情绪。

这些能力的培养旨在帮助学习者建立扎实的语音基础，使他们在日语交流中能够准确、自然地表达，从而提高语言的可理解度和交流效率。通过系统训练，学习者不仅能克服母语干扰，还能逐渐逼近本族语者的发音标准，增强跨文化交际的信心和能力。

（2）词汇能力培养目标

日语词汇能力的培养目标在于全面增强学生的词汇掌握水平，具体包含以下综合技能：促进学生通过听觉、视觉和动觉形成对词汇的感性认识与形象记忆力；锻炼其迅速而准确区分近似词的能力，以及快速构建新概念的思维敏捷度；培养学生区别词义的敏锐度，使之能迅速理解词汇在具体上下文中的确切意义；加强记忆各类日语词组、短语和成语的容量，确保在感知日语时能够迅速认知和理解任何词汇；同时，提升学生在表达思想时，快速检索并使用恰当日语词汇的熟练度，以实现流畅、精准的语言输出。这些目标相互关联，共同致力于提升学生在日语学习中的词汇应用与理解能力。

（3）语法规则能力培养目标

日语语法规则教学的能力培养目标聚焦于学生掌握并灵活运用语言结构的多项技能，包括敏锐识别不同词类及其在句子中的角色，深刻理解日语词汇构造与独特语法特征，依据规则自如转换词形并构建合乎规范的句子；强化迅速且精确辨析与复现多样句型构造的能力，确保对词性一致性的准确把握；同时，实现书写与朗读上的精准无误；在修辞层面，需具备归纳总结不同语体风格中词汇与语法特性的洞察力，以及准确辨别和复制各类语体表达方式的技巧，从而全面提高日语语法理解和运用的水平。这些目标旨在系统性地提升学生对于日语语法的综合掌握与实际应用能力，确保其在语言交流中能够准确、得体地表达思想。

2. 日语学习的能力目标

外语学习的四项基本技能——听、说、读、写，被视作语言交际的核心工具，它们分别对应于语言输入和输出的不同维度。在学习外语的过程中，"四技"的培养实质上是对个体感觉器官，如耳朵（听解）、嘴巴（会话）、眼睛（阅读）和手（写作）进行专门化的外语适应训练，旨在提升这些器官在处理外语信息时的灵敏度和熟练度。

听解技能侧重于训练耳朵识别和理解外语语音信号的能力；会话技能则聚焦于嘴巴和大脑协同工作，以实现流利、准确的口语表达；阅读技能要求眼睛和大脑高效处理视觉信息，理解外语文字意义；而写作技能则涉及手部动作与大脑思维的配合，用外语文字清晰表达思想。这四项技能的综合训练，不仅增进个体对外语的感知和运用能力，还逐步提升诸如辨音、构词、语法组织和语篇理解等言语能力，最终促成全面的外语交际效能。通过系统的"四技"训练，学习者能够在真实的语言环境中自信地进行交流，达到与母语者相似的沟通水平。

（1）听解能力培养目标

听力作为获取日语知识与技能的重要途径，不仅涉及听觉器官的活动，更是一项集感知、记忆、分析、归纳、综合于一体的复杂智力劳动，要求听者在接收信息的同时，积极参与思维加工过程。听力训练因而兼具语言技能培养与智力开发的双重功能。

听解能力的构建围绕以下几个核心要素：一是快速捕捉与存储信息的效率，即在瞬息万变的交流中迅速把握关键点；二是辨别各种语音细微差别的敏锐度，包括对不同发音、语调和重音的识别；三是适应日语自然语速的能力，无论快慢，均能跟上对话节奏；四是持续专注的耐力，保证长时间听解的稳定性；五是信息综合与概括的能力，从大量信息中提炼主旨；六是批判性思维与判断力，对听到的内容进行分析与评价。

听力教学的终极目标在于，指导学生深刻理解听解的心理机制，掌握行之有效的听力提升策略，从而在实际交际中展现出卓越的听力技能，实现与日语母语者无障碍沟通交流。通过有目的、有计划的听力训练，学生能够逐步增强听解的全面能力，为日语学习的其他方面，如口语、阅读和写作，奠定坚实的基础。

（2）会话能力培养目标

会话，即"说"的能力，是一种动态的言语技能，它要求学习者能够即时、自然地使用外语来表达思想，而无须依赖分析或翻译的过程。不同于机械式的语言素材重复，会话强调的是创造性地整合已有语言知识，以表达个人的观点和情感。

会话能力的培养目标可以概括为：

创造性表达：能够灵活运用所学语言材料，以创新的方式表达个人思想，而不仅是简单复述。

内容导向：在会话中，注意力主要集中在信息的传递上，而非过分关注语言的形式，确保交流的自然流畅。

快速反应：具备敏捷的思维和迅速的语言运用能力，能够即时响应对话伙伴，维持会话的连贯性。

日语思维：在会话过程中，直接用日语进行思考，减少对母语翻译的依赖，提升语言的流利度和自然度。

无主题应变：即使在缺乏明确话题的情况下，也能自信地进行语言交际，展现出良好的即兴交流能力。

会话教学的核心目标在于帮助学生深刻理解会话的本质，掌握提升会话能力的策略，从而使学生能够在实际情境中自如地运用日语，与他人建立有效、自然的沟通。通过有目的的训练和实践，学生将逐步增强会话技能，提高语言的实际应用能力，实现与日语母语者之间的无障碍交流。

（3）阅读能力培养目标

阅读作为语言学习的关键组成部分，不仅是获取语言知识的高效途径，也是实现间接言语交际的重要手段。在信息化时代，网络的普及使得在线阅读成为常态，大大丰富了日语学习资源的获取渠道，使阅读成为日语学习者不可或缺的学习方式。阅读能力的培养，对于促进其他言语技能的提升起着杠杆作用，因此，它是外语教学中的核心任务之一。

阅读能力的构建，涉及多个层面的技能，包括：

词汇与结构识别：快速辨认单词、短语及理解句子结构的能力，这是阅读理解的基础。

主旨把握：能够提炼段落中心思想，追踪作者思路演变，把握文章整体脉络。

逻辑推理：理解句间、段间关系，推断指示代词所指内容，进行合理的逻辑推理。

综合分析：对文章内容进行整体性理解，提炼关键信息，形成全面的解读。

阅读教学的目标在于，让学生深刻理解阅读过程中的心理机制，掌握提高阅读效率和理解深度的策略。通过系统性的训练，学生将逐步增强阅读技能，不仅能够快速准确地获取信息，还能深入剖析文本，培养批判性思维，最终达到自主学习、独立思考的境界。在这一过程中，学生将学会如何有效筛选、分析和利用阅读材料，为日语学习的其他方面，如写作、口语和听力，打下坚实的基础。

（4）写作能力培养目标

写作，作为语言输出的一种形式，不仅是借助文字符号传递信息的媒介，更是语言交际的重要组成部分。在网络普及的当下，日语写作的应用范围从传统的书信、公文、科学论文及文艺作品，扩展到了网络信息交流的广阔领域，这不仅提升了写作的实用性，同时也对写作能力提出了更高的要求。因此，培养写作能力成为日语学习中不可或缺的一环。

写作能力的培养涵盖多个方面，具体包括：

书面造句能力：能够运用正确的语法和词汇，构建清晰、准确的句子。

素材搜集能力：有效收集和筛选相关信息，为写作提供丰富的内容支撑。

语言运用能力：熟练掌握书面语体，恰当使用表达方式，使文章流畅且具有说服力。

灵感捕捉能力：敏锐感知创意和新颖观点，激发写作灵感。

构思能力：具备良好的逻辑思维，能够规划文章结构，确定主题和论点。

思想组织能力：将零散的想法整合为连贯的文章，展现清晰的论证过程。

写作教学的目标在于，引导学生深入理解写作的本质，掌握提升写作技能的策略。通过有针对性的训练，学生将逐步增强写作自信，提高语言组织和表达的精确度，最终能够创作出既有深度又具感染力的作品。在这一过程中，学生将学会如何构思、起草、修改和完善作品，为日语学习的其他方面，如阅读理解、口语表达和听力，提供有力的支持。通过写作，学生不仅能提升语言技能，还能深化对日语文化的理解，促进跨文化交际能力的发展。

（5）翻译能力培养目标

翻译作为一种语言转换行为，其核心在于将源语言的信息准确且流畅地转化为目标语言，这一过程涉及多种分类方式。根据翻译者在文化传递中的态度，翻译可分为归化翻译（意译），侧重于将源语言内容转化为目标语言文化中的自然表达，以及异化翻译（直译），倾向于保留源语言的原貌和风格。依据翻译作品在目标文化中的预期功能，其可被区分为工具性翻译，旨在服务于具体实用目的，和文献性翻译，更多关注于文本的学术价值和文化传承。从语言形式与意义角度出发，翻译又分为语义翻译，强调意义的精确对应，和交际翻译，注重信息在不同文化背景下的有效传达。从译者视角，翻译可归为文学翻译，关注文学作品的艺术再创造，和语言学翻译，侧重于语言结构的严谨转换。最后，按翻译媒介划分，有口译、笔译、视译、同声传译、机器翻译、人机协作翻译及电话翻译等多种形式。

在探讨翻译能力时，我们主要聚焦于口译和笔译两大范畴。口译要求即时理解并迅速转化语言，考验译员的听力、记忆力、快速反应能力和双语表达能力；笔译则注重文本的深度理解和精准转述，要求译者具备扎实的双语功底、广泛的知识面和出色的写作技巧。翻译能力的培养，旨在使学习者掌握跨语言信息转换的技巧，提升跨文化交流的效率与质量，无论是即时的口语交流，还是细致的文字处理，都能达到忠实、通顺、得体的翻译标准。通过系统学习和实践，学习者将逐步成长为能够胜任不同翻译场景的专业人才，促进不同文化间的理解和融合。

二、日语教学的基本原则

（一）以提高学生的综合素质为目标

人的素质，涵盖了从事特定活动所需的身体与心理条件，以及通过后天教育和社会影响内化而成的特质，包括先天禀赋与后天习得的多方面因素。素质可以细分为个体素质与群体素质，前者关乎个人，后者涉及集体或民族层面。

就个体而言，素质既包含生理层面，如身体健康状况，也涉及心理层面，包括知觉、记忆、想象、思维、情绪与情感等与生俱来的心理特质，以及经后天内化形成的政治、思想、道德等社会性心理内容。

日语教学的目标远超于单纯的语言知识与技能传授，它还肩负着提升学生文化素养的使命，旨在通过课堂内外的学习，不仅进行思想、道德与人生观价值观的教育，同时激发智力，培养各项能力，将日语教学与促进人的全面发展紧密相连。

为了全面提升学生的综合素质，我们对教师提出以下要求：

1. 智力潜能开发：在教学中，教师应重视发掘与培养学生的智力潜能，促进其智力水平的全面发展。外语学习中的智力要素涉及语言感知、观察、记忆、联想、逻辑思维、创新及自主学习能力的培养。

2. 技能培养：教学活动需着重于四大基本技能的提升，即听解、会话、阅读与写作能力，部分学者也将翻译能力视为外语能力的重要组成部分。教师的任务是设计有效的教学策略，确保学生在这些核心技能上取得均衡发展。

通过精心设计的教学活动与策略，教师不仅能够提升学生的语言能力，还能促进其智力、情感与社会性心理内容的全面发展，培养出具备广泛文化素养与综合能力的优秀人才。这样的教育理念，不仅满足了现代社会对复合型人才的需求，也为学生的终身学习与发展奠定了坚实的基础。

（二）创设各种形式的语言学习环境

在中国进行日语教学的一大特征是，学习过程很大程度上依赖书本知识的间接获取。尽管现实生活中语言的使用是生动且多变的，有时甚至超越了语言规则所能解释的范围，但作为一门外语，日语与学生的生活经验和背景存在着显著的距离，某些语言现象对他们而言可能是全新的。人的认知发展通常遵循从感性认识到理性分析，从具体实例到抽象概念的路径。缺乏直观感受和具体实例的支撑，人们很难深刻理解语言概念和文化内涵。

鉴于书本知识与学生实际经验之间的隔阂，学生学习过程中难免会遇到诸多难题。因此，构建多样化的语言环境和学习环境显得尤为重要。这包括模拟真实情境的对话练习、观看日语影视作品、参与语言交换活动、组织文化体验项目等，旨在缩小书本知识与现实应用之间的差距，帮助学生在实践中深化理解，增强语言运用能力和跨文化交际能力。通过这样的教学设计，学生能够将理论知识与实践经验相结合，从而在日语学习的道路上取得更为扎实的进步。

1. 创设语境采取的措施

在日语教学中，采用多种直观教学手段能够极大地丰富学习体验，提高教学效果。具体包括：

（1）模像直观：通过图片、图表、模型、幻灯片、录音、录像、电影、电视等媒介模拟真实场景，为学生提供直观的学习材料。虽然实物直观有其不可替代的真实感，但受限于实际条件，模像直观以其灵活性和广泛性，能够跨越时空限制，呈现历史与现实的多维视角，特别是在现代技术的支持下，模像直观的应用范围和效果得到了极大拓展。

（2）语言直观：教师通过生动形象的语言描述，结合学生已有的知识经验，引发学生的联想与想象，达到直观教学的目的。相较于其他直观方式，语言直观不受物质条件约束，具有极高的灵活性和经济性。然而，其效果在很大程度上依赖教师的语言表达能力和教学艺术，需要教师具备深厚的学科知识和丰富的教学经验。

（3）完善教学设施：随着科技的飞速发展，日语教学的外部环境得到了显著改善。图书馆、情报资料中心、多媒体教室、网络平台等资源的丰富，为创设语言学习环境提供了强有力的支持。学生可以通过在线资源获取最新的日语学习资料，参与虚拟语言交流，体验沉浸式学习，从而在实际应用中提升语言能力。

结合模像直观、语言直观及完善教学设施，我们可以构建一个多元化、互动性强的日语学习环境，有效促进学生语言技能的提升和跨文化交际能力的培养。教师应充分利用这些资源，创新教学方法，激发学生的学习兴趣，提升教学质量和效果。

2. 创设语境对老师的要求

在日语教学中，创设有效的语言环境和学习环境对教师提出了明确的要求，具体包括：

（1）恰当选择直观手段：根据课程内容、教学目标、教学任务及学生的年龄和认知特征，合理选择最适合的直观教学方法。不同的教学情境可能需要不同的直观手段，教师应灵活运用，以达到最佳的教学效果。

（2）直观手段服务于教学目标：直观教学不应成为目的本身，而应作为辅助学生理解抽象概念或难以直接体验内容的工具。只有在学生理解遇到困难时，我们才适时引入直观手段，避免过度依赖，以免分散学生注意力，降低教学效率。

（3）从直观到抽象的过渡：直观手段提供给学生的首先是感性认识，但教学的最终目标是引导学生掌握理论知识，发展思维能力。因此，教师在运用直观手段时，应通过提问、解释等方式，激发学生深入观察和思考，帮助他们从现象到本质，从表面到深层次地理解知识。

（4）精选教学资源：教师应根据教学内容和学生需求，挑选最适宜的教学技术和方法，确保所选资源能够有效促进学生对知识的理解和掌握。避免盲目追求形式上的新颖，而忽视其实质效果，确保每一分钟的课堂时间都被充分利用，以提高教学质量和效率。

通过上述策略，教师可以更有效地创设有利于学生学习的语言环境和学习环境，促进学生在日语学习上的进步和跨文化交际能力的提升。

（三）有效激发学生的学习动机

"有领导的认识"是教学活动的核心特征之一，意味着在学习陌生语言和文化知识的过程中，教师的引导作用至关重要。教师不仅是知识的传递者，更是学习活动的设计者和调控者，负责确保教学目标的达成和教学质量的提升。然而，学生作为学习的主体，其主观能动性的发挥同样关键。教师的首要职责是激发学生的内在驱动力，培育浓厚的学习兴趣，引导学生自发地投入日语学习中去。没有学生的主动参与，知识的掌握、智力的开发及情感态度的培养都将难以实现。

学习动机，作为驱动学生学习的内在动力，由多种心理因素构成，包括对学习必要性的认知、信念、兴趣、爱好及学习习惯等。设定具体的学习目标，可以为学生指明方向，成为学习过程中的激励因素。学习动机的强弱直接影响学习效率和持久性，因此，培养和维护学生的学习动机是教师的重要职责。

教师可以通过以下几种方式激发学生的学习动机：

1. 目标设立与奖惩机制：明确学习目标，通过奖励和适度的挑战激发学生的学习积极性。

2. 激发好奇心与求知欲：通过直观教学或实践活动，学生对学习内容产生浓厚兴趣。

3. 难易度匹配：依据阿特金森的成就动机理论，提供适中难度的学习材料，保持学生的学习热情。

4. 利用兴趣迁移：对于缺乏学习动力的学生，教师可以结合其兴趣点，如日本动漫、游戏等，设计相关学习任务，促使兴趣向学习动机转化。

在教学过程中，教师应：

采用启发式、讨论式、辩论式等教学方法，鼓励学生积极参与语言实践，提升语言应用能力。

创设问题情境，激发学生思考，连接新旧知识，使学习内容与学生已有认知结构相契合。

营造轻松自由的课堂氛围，减轻学生压力。

开展适度的学习竞赛，平衡竞争与合作，构建合作型课堂结构，促进学生之间的正面互动。

通过这些策略，教师能够有效激发学生的学习动机，促使学生以积极主动的态度投入学习，从而实现高效学习和长远发展。

（四）重视跨文化交际能力的培养

外语教学的核心目标在于培养学生的交际能力，这一能力由语言能力和社交能力共同构成。真正的跨文化交际能力不仅仅局限于言语层面，它还涉及非言语行为，以及对目标语言国家文化的深刻理解。文化差异会显著影响交际的效率与效果，因为交际行为既受到使用者自身文化背景的制约，同时也是传播文化的重要媒介。

在日语教学中，培养跨文化交际能力的重点在于识别并研究那些可能干扰有效交际的文化因素。这些因素广泛且多样，主要包括：

语言手段：这涉及词汇的文化含义、篇章结构、逻辑思维模式及翻译技巧，如何在不同文化语境下准确传达意义。

非语言手段：包括肢体语言、面部表情（如微笑）、音量与音调的变化、沉默的使用，以及对时间与空间的不同感知和处理方式。

社交准则：指在人际交往中约定俗成的行为规范，以及特定的文化习俗和礼仪，例如问候方式、餐桌礼仪等。

社会组织：反映在家庭、工作场所等社会结构中人际关系的性质，包括权力距离、亲密度界限和团队合作模式。

价值观念：涉及个体与集体的关系、道德标准、人生哲学及对世界的总体看法，这些观念深深植根于文化之中，影响人们的思维方式和行为模式。

通过系统地分析和教授这些文化因素，日语教学能够帮助学生建立起对日本文化的敏感度和适应性，使他们在跨文化交际中更加自信、得体，避免潜在的文化冲突，促进更深层次的相互理解和尊重。这不仅提升了语言学习的实用性，也为学生在全球化社会中成为有效的跨文化沟通者奠定了坚实的基础。

1. 培养学生跨文化交际能力的作用

培养学生的跨文化交际能力，对于提升其在全球化社会中的适应性和竞争力具有重大意义，主要体现在以下几个方面：

增强文化模式意识：通过深入了解不同文化的交际功能模式，学生能够意识到在不同文化背景下，人们惯常采用的言语和非言语交际方式，从而在跨文化交流中更加敏锐和灵活。

增进文化行为理解：学习不同文化中的典型行为及其背后的功能，有助于学生将他人的行为与其文化根源联系起来，从而更好地理解来自不同文化背景个体的常规行为，减少误解和偏见。

深化价值观认知：通过探索不同文化背景下的价值观、世界观和道德标准，学生不仅能增强对自己文化的认同感，还能培养对不同文化、不同道德体系的包容性和理解力，促进跨文化间的和谐共处。

掌握情境化行为准则：了解不同文化中人们的日常生活模式，特别是言语和非言语行为的差异，使学生能够掌握在特定情境下的行为规范，提高在多元文化环境中的交际技巧和适应能力。

通过上述方面的培养，学生将不仅能够在全球化交流中表现出更高的敏感性和适应性，还能成为真正的全球公民，具备跨文化理解和合作的能力，这对于个人的职业发展和国际交流都有着深远的影响。

2. 对教师的要求

在日语教学中，教师肩负着培养学生跨文化能力的重要使命，具体要求如下：

明确教学目标：教师应清晰地认识到，跨文化能力的培养旨在使学生理解人类行为受文化影响的本质，增强他们对社会结构（包括年龄、性别、社会阶层、地域差异等）如何塑造行为模式的认知。同时，教师还需致力于提高学生对日本文化中普遍行为准则的敏感度，加深对日语词汇和短语文化内涵的理解，培养批判性思维和文化鉴赏能力，教会学生如何搜集、分析日本文化信息，激发学生对日本文化的探索兴趣，以及促进与日本人之间的文化共鸣。

掌握教学方法：教师应熟练运用多种教学策略，如对比法，通过对比不同文化间的差异，加深学生对文化多样性的理解；交际法，通过模拟真实交际情境，提高学生的语言运用能力；演示法，利用视频、音频等直观材料，展示文化现象；实物与图片参照法，借助具体物品或图像帮助学生理解抽象概念；讨论法，鼓励学生积极参与，通过小组讨论等形式促进思维碰撞，深化对文化差异的理解。

注重文化与语言的融合：教师在教学中应将语言学习与文化学习紧密结合，确保学生在掌握语言知识的同时，也能够习得相应的文化背景，从而在实际交流中展现出较高的跨文化交际能力，实现语言能力、言语能力和交际能力的协同发展。

通过上述措施，教师能够有效提升学生在跨文化环境中的适应性和交际效率，为他们未来在多元文化社会中的成功奠定坚实的基础。

第二节　日语教学法

一、日语教学法的概念界定

日语教学法是一门专注于探究日语教与学过程及其内在规律的学问，其核心概念涵盖了日语本身、日语教学活动及日语教学法的理论与实践。日语，作为日本民族的母语，不仅包括语言的结构与规则，还融合了丰富的社会文化知识，是学习者理解日本文化的关键。

日语教学，实质上是教师引领学生学习日语语言知识、技能和文化的过程，旨在帮助学生掌握听、说、读、写及汉日互译和跨文化交际的能力，同时促进学生的全面发展，包括思想品德的塑造和身心健康的成长。在学校环境下，日语教学通常是在预设的教学目标指导下，依据教学计划和大纲，选用适合的教材，由具备专业知识和技能的教师，针对特定学生群体，有计划地实施的教学活动。

日语教学法作为一门科学，不仅探讨日语教学的基本理论，如语言习得理论、学习者心理、教学评估等，还深入研究具体的教学方法，包括但不限于讲授法、翻译法、演绎法、练习法等。此外，它还关注如何根据不同国家、年龄层和知识背景的学习者，调整教学策略，以提高教学效果。日语教学法既是一门理论科学，也是一系列师生共同参与的实践活动，旨在通过科学的方法和策略，提升日语教学的质量和效率，满足全球化时代对高素质日语人才的需求。

二、日语教学法研究的对象和任务

（一）日语教学的意义

在日语教学领域，我们探讨的主要议题集中于以下几大方面：

1. 个人发展与国家建设的意义：研究学习日语如何促进个人职业发展、跨文化交际能力的提升，以及对国家经济、外交、教育等领域的贡献。通过掌握日语，个人能够开拓国际视野，增强在全球化背景下的竞争力，同时，国家能够借此促进与日本及日语圈国家的交流与合作，推动文化互鉴和经济发展。

2. 学制与学时安排：确定在哪些教育阶段（如小学、中学、大学等）及具体年级开始日语教学最为适宜，以及每个阶段应分配多少学时。这需要考虑学生的认知发展阶段、学习负担、日语学习的长期规划等因素，以确保日语教育的连贯性和有效性。

3. 教育、教养与实用目的的整合：分析日语教学在教育（知识传授）、教养（文化素养培养）和实用（语言技能应用）方面的多重目标及其相互关系。日语教学不仅要注重语言技能的训练，还要培养学生的跨文化交际能力，使其具备在全球化环境中有效沟通的能力。同时，我们需明确不同年级的教学目标和要求，确保教学内容的系统性和适用性。

4. 教育政策与规定：遵循各级教育部门对日语教学的相关政策和规定，包括课程标准、教材选用、师资培训、考试评价等方面。教育工作者和管理者需密切关注政策动态，确保日语教学活动符合国家教育方针，同时满足学生的学习需求和社会的实际需求。

通过深入研究和实践这些议题，日语教学能够更好地服务于个人成长与国家发展的大局，培养出具备国际视野和跨文化交际能力的高素质人才，为国家的对外交流与合作贡献力量。

（二）日语教学的内容

教学内容的研究核心在于教科书的编制与选用，这是基于国家或地区教育部门为不同教育层次设定的教学大纲和课程标准。教科书作为教学内容的主要载体，其编排和选择需严格遵循大纲要求，确保所涵盖的知识点、技能训练和文化元素既全面又有序，能够支持学生的循序渐进学习。

研究"教什么和学什么"，即教学内容的选择与组织，本质上是对教科书的深入探讨，包括但不限于：

编写原则：确保内容的科学性、思想性、基础性与适用性，以及与学生认知发展相匹配的难度梯度。

结构与体系：分析教科书的章节布局、知识点分布、练习设计与评估体系，确保内容连贯、逻辑清晰，能够促进学生综合能力的培养。

选用标准：考量教科书的权威性、时效性、适切性与创新性，结合学校与学生实际情况，做出最优化的选择。

文化与价值观：融入多元文化视角，培养学生的跨文化交际意识与全球视野，同时传递正确的价值观和社会责任感。

通过系统性地研究教科书的编写与选用，教育工作者能够更精准地把握教学内容的深度与广度，确保教学活动既符合国家教育目标，又能满足学生个性化学习需求，促进其全面发展。

（三）日语教学的方法

教学活动是教师与学生双方互动的过程，深入理解学生如何学习是设计有效教学策略的前提。在日语教学领域，对"如何学"和"如何教"的研究构成了教学理论与实践的核心。

1. 学生如何学

学生在日语教学中的地位：强调学生是学习的主体，教师的角色在于引导、激励和支持学生主动学习，而非单纯的信息传输者。

学生学习日语的心理过程：探讨学生在语言习得过程中的认知、情感和意志活动，包括对新知识的记忆、理解、应用及学习过程中的情感反应和自我调节。

决定日语学习质量的因素：关注学习态度、兴趣、动机及个人的学习倾向和能力，这些因素对学习成效有着重要影响，需要教师在教学设计中予以充分考虑。

2. 教师如何教

日语教学法的理论基础：研究语言学、心理学、教育学等相关理论，为教学实践提供理论支撑。

外语教学法流派的理论与实践：了解并分析直接法、交际法、任务型教学等不同教学流派的原理和应用，选择最适合的教学策略。

适合我国日语教学的理论与原则：结合中国学生的学习特点，探索符合国情的教学理论和原则，特别是在语音、语法、词汇教学和听说读写技巧训练方面的有效方法。

日语课堂教学与成绩考核：设计互动性强、针对性强的课堂活动，采用公正合理的评估体系，以促进学生学习效果的提升。

现代教育新技术的应用：利用互联网、多媒体、虚拟现实等最新技术手段，丰富教学资源，创新教学方式，提高教学效率和学生学习兴趣。

通过深入研究"如何学"与"如何教"的问题，日语教师能够更有效地设计和实施教学活动，激发学生的学习潜能，促进其语言能力和跨文化交际能力的全面发展。

（四）影响和制约日语教学的因素

教学过程的本质在于其具体性和情境性，每一项教学活动都嵌入于特定的时空框架内，受到一系列复杂因素的制约，包括教学行政管理、教育政策导向、教师的专业能力和素质、教育评价体系的有效性等。在探讨为何教、教什么及如何教这些核心问题时，教育工作者可以借鉴相邻学科的理论与研究成果，如教育学、心理学和语言学，但必须注意的是，这些学科的研究范畴和目标与日语教学法存在差异，它们分别关注教育的一般规律、人类心理活动的普遍法则及语言本身的结构与习得过程。

尽管如此，这些理论和研究为日语教学法提供了宝贵的参考视角，比如教育学揭示的教育本质和教学原则，心理学阐述的学习心理机制和个体差异，语言学剖析的语言习得路径和使用习惯，都能够为日语教学的设计与实施提供理论依据。然而，这些理论并不能直接解答日语教学实践中遇到的具体问题，如如何有效激发学生的学习动机、如何平衡语言技能与文化素养的培养、如何利用现代技术优化教学效果等。

日语教学法研究的真正使命在于持续回应和解决日语教学过程中涌现的新挑战和新机遇。这意味着教学法研究者和实践者需要不断观察、分析和创新，既要立足于理论基础，又要紧密联系教学实际，确保日语教学活动既遵循教育的一般规律，又能够适应特定的教学情境，满足学生个性化学习需求，最终实现教学目标，提升教学效果。这种研究不仅需要跨学科的知识整合，还需要对日语教学的独特性有深刻的理解和洞察，以促进日语教学理论与实践的不断发展和优化。

三、日语教学法的研究途径和方法

（一）日语教学的研究途径

1. 研究日语教学能以史为鉴

日语作为外语教学在中国的历史可追溯至百年前，其起源于中国近代。作为外语教学体系的一部分，日语教学法深受英语教学法等主流外语教学法的影响，这一影响贯穿于整个教学法的演进历程中。

回顾我国日语教学法的发展轨迹，我们可以看到一系列教学方法的迭代与融合，包括但不限于翻译法（涵盖语法翻译法、词汇翻译法、翻译比较法），直接法，自觉对比法，口语法，视听法，认知法，自觉实践法，以及功能法等。每一种教学方法的提出，都是对当时教学实践的反思与创新，它们各自承载着对语言教学本质的不同理解和对教学效果提升的追求。

翻译法强调语言结构和语法的重要性，主张通过翻译训练促进语言理解和表达能力的提升；直接法则试图摆脱母语的干扰，直接建立外语与客观事物之间的联系；自觉对比法注重母语与目标语之间的对比分析，帮助学生识别和克服语言迁移障碍；口语法和视听法则强调听说技能的培养，主张通过大量听觉输入和口语实践提高语言的流利度和自然度；认知法关注学习者的认知过程，提倡通过理解语言规则促进语言学习的自主性；自觉实践法倡导理论与实践相结合，通过实际操作巩固语言知识；功能法则聚焦于语言的社会功能，主张通过情境化教学培养学生在实际交际中的语言运用能力。

这些教学方法各有千秋，它们的合理成分和独特视角对于丰富和发展日语教学法具有重要的现实意义。在日语教学实践中，教师应当根据教学目标、学生特点和资源条件，灵活借鉴和整合不同教学法的优点，创造适合中国学生学习日语的有效策略。通过批判性继承和创造性转化，我们不断探索和优化日语教学法，以期达到最佳的教学效果，培养出既有扎实语言功底又具备跨文化交际能力的日语学习者。

2. 研究日语教学可以兼收并蓄

与日语教学法相关联的其他学科不断发展，取得新的成果，其中必有能够为我所用的学科理论可以与日语教学实践相结合，指导教学实践，这也是丰富日语教学法的理论宝库。

3. 研究日语教学可以借鉴国外成功经验

20 世纪 60 年代，日本经历了一次显著的经济腾飞，大力吸引海外留学生，以弥补劳动力短缺，同时促进文化交流和国际理解。

随着海外留学生数量的增加，日本本土的日语教育者开始深入研究对外日语教学法，以适应国际学生的学习需求。经过半个世纪的发展，日本在对外日语教学领域积累了丰富的经验和理论成果，形成了系统的教学体系，包括教材开发、教学方法、评估体系等多个方面，这些经验对其他国家的日语教学产生了深远的影响。

对中国而言，日本的对外日语教学理论和实践提供了宝贵的参考和启示。中国日语教育者可以从日本同行的经验中学习到如何更有效地教授非母语者日语，包括如何设计适合不同学习背景学生的课程，如何利用多媒体技术和互联网资源丰富教学手段，以及如何评估和改进教学效果等。更重要的是，日本的经验展示了如何在教学中融入文化元素，让学生在学习语言的同时，也能深入了解日本社会、文化和价值观，从而培养出具有跨文化交际能力的日语人才。

日本在对外日语教学领域取得的成就，为全球日语教育提供了有益的范例，尤其是对于中国这样的日语学习大国，其经验的借鉴和应用，无疑将推动中国日语教学水平的进一步提升，促进中日两国间更深层次的文化交流和教育合作。

（二）日语教学法的研究方法

1. 研究课题的分类

日语教学法的研究课题大致可以划分为两大类别，每一类都有其独特的性质和作用，且在学术和实践层面均有体现：

理论性课题：这类课题侧重于探讨日语教学的基本原理、理论框架和教学策略的构建。研究者通常会撰写专题论文或出版专著，以深入分析和阐述日语教学法的理论基础、教学理念的演变、不同教学法流派的比较、教学效果的评估理论等。理论性课题为日语教学提供哲学和科学的支撑，帮助教育者理解教学的本质，指导教学实践的方向。

实用性课题：与理论性课题相对，实用性课题更侧重于日语教学的实践操作层面。此类课题的研究成果往往表现为教学大纲的制定、教材的编写、试题的设计、教学辅助工具书和参考书籍的出版等。实用性课题直接服务于日语教学的日常活动，为教师提供具体可行的教学指南，为学生提供学习资源，确保教学活动的有效性和针对性。

这两种类型的研究课题相辅相成，理论性课题为实用性课题提供理论依据和方向指导，而实用性课题则将理论付诸实践，检验理论的有效性，并反过来促进理论的完善和发展。通过理论与实践的紧密结合，日语教学法的研究得以不断进步，推动日语教育质量的提升，满足不同学习者的需求，促进跨文化交流和理解。

2. 研究方法的分类

（1）历史文献法

历史文献法，亦称历史法和文献法，是一种专门用于研究日语教学理论与实践规律的方法。这种方法涉及深入研读和分析自不同历史时期以来，国内外学者关于面向中国人进行日语教学的各类论述、专题论文及专著。通过细致地梳理和研究不同时期的教学大纲、教材、考试题目等教学文件和资料，历史文献法旨在从文献出发，采用历史的、发展的、批判的眼光，去探索和总结日语教学的发展脉络、演变规律及有效教学策略。

运用历史文献法，研究者首先需要广泛搜集相关文献，包括早期的教学理念、教学法的演变、课程设置的变化、教材内容的更新及考试评估体系的改革等方面文献。

随后，通过对这些文献的分析和整理，他们识别出日语教学在不同历史阶段的特点、成就与局限，以及影响教学效果的关键因素。这种方法特别强调从历时性的角度审视日语教学，即关注其如何随时代变迁而发展，如何反映社会文化、教育政策和技术进步的影响。

历史文献法要求研究者具备严谨的学术态度和批判性思维，不仅要能客观地评估文献的价值和局限，还要能够辨识和解读历史背景下的教育理念和实践，进而提炼出对当下乃至未来日语教学具有启示意义的经验教训。这种方法不仅有助于加深对日语教学历史的理解，也为创新教学方法、优化教学内容和提升教学质量提供了坚实的理论依据和实证支持。

（2）观察调查法

观察调查法是一种在教育研究中广泛应用的方法，它通过直接观察教学现场的情况和对学生、教师进行调查，收集和分析数据，以研究和评估教学实践的效果。这种方法可以针对教师自身的教学过程，利用微课教学设备录制课程，便于事后回放和自我观察，也可以观察其他教师的教学，以获取不同的教学视角和实践数据。

观察调查法的实施通常包括以下步骤和组成部分：

教学现场观察：研究者直接进入课堂，观察教师的教学行为、学生的学习反应及课堂互动模式，记录下教学流程、教学策略、学生参与度等细节。

专门组织的调查测试：设计特定的测试或问卷，以评估教学大纲的执行情况、教材的有效性、教学方法的适用性等，这些测试可以是标准化的，也可以是根据研究目的定制的。

学生的作业或试卷调查分析：通过分析学生的作业、测验或考试试卷，研究者可以了解学生对教学内容的掌握程度、存在的问题及潜在的学习障碍。

问卷调查：发放问卷给学生或教师，收集他们对教学活动的看法、建议和感受，问卷可以是匿名的，以便获得更真实和直接的反馈。

谈话调查：通过与学生或教师进行一对一的访谈，深入了解他们的想法和经历，这种方法可以提供更加深入和细致的信息。

观察和调查完成后，研究者需要对收集到的资料和数据进行分类、整理和分析。这可能涉及统计分析、内容分析、主题编码等定量或定性的研究技术。通过综合研究这些资料，研究者可以形成对教学实践的全面理解，从而得出有关教学效果、教学方法优劣、教学资源利用等方面的结论。这些结论可以为教学改革、教师培训、课程设计和教材开发提供有价值的指导。

（3）实验法

教学研究中的实践验证方法，即实验法，是通过实际教学活动来检验假设或理论的有效性。它可以根据实验的目的进一步细分为试证法和纯粹的实验法两种。

试证法：主要用于探索性研究，当研究者基于文献阅读或教学经验中获得的灵感，形成初步的设想或假设时，他们会通过组织特定的教学实践活动来测试这些假设的科学性和可行性。试证法的目标是探索新的教学理念或方法是否能够达到预期的教学效果。

实验法：侧重于验证现有的理论或方法是否在实际教学环境中有效。研究者可能会在教学实践中尝试前人或他人提出的理论，以确定其在特定条件下的适用性。在这一过程中，研究者也可能结合自身见解，对原有理论进行补充或调整，使其更贴合实际教学场景。因此，很多教学实验实际上包含了试证和验证两个方面的特性。

总结法：则是教师将个人教学经验系统化的过程，通过分析和反思，将直观的教学感受提炼为有条理的教学理论，实现从感性认识到理性认识的升华，从而更好地理解教学规律。

在实际研究中，历史文献法、观察调查法和实验法往往是相互交织使用的，彼此之间存在着密切的联系：

当使用历史文献法探索理论问题时，研究者可能需要借助实验法来收集实际的数据或案例，以支持或反驳理论假设。

在采用实验法评估理论有效性时，观察调查法可以提供额外的证据，帮助研究者更全面地理解实验结果的含义。

开展观察调查之前，通过历史文献法回顾相关研究，研究者对所研究的问题有更深入的理解，指导观察和调查的重点和方向。

这些研究方法在实际应用中并非孤立存在，而是相辅相成的，共同加强教育研究的深度和广度，为日语教学的理论发展和实践创新提供坚实的基础。

（4）比较分析法

随着日本经济在 20 世纪后半叶的迅猛发展，其社会结构面临着"少子化"带来的劳动力短缺挑战，这一矛盾促使日本自 20 世纪 80 年代起高度重视海外留学生的招募和教育，特别是对非日语母语学习者的日语教育。日本在这一领域的研究投入巨大，成果显著，为国际学生提供了高质量的日语教学环境。值得注意的是，这些学习者有着不同的母语背景，包括英语及其他语言使用者，不同的母语文化对日语学习过程及其教学方法产生了多元的影响，由此衍生出的教育研究结论各具特色。

对于中国教育者而言，直接应用日本针对中国学生日语教育的研究成果时，需意识到中日两国在教学环境上的差异。为此，采用比较分析法，即在不同文化背景和语言教学环境下研究教学法理论与实践，成为一种有效的策略。此法不仅能够汲取日本的成功经验，还能基于中国本土的实际情况进行适配和创新，确保教学方法的本土化和有效性。

在英语教学法、俄语教学法等外语教学法学科体系中累积的理论与方法，同样对日语教学法的丰富和发展具有借鉴价值。通过跨学科、跨国别的教学法比较，我们可以发现共通的教学原则和个性化的教学策略，为日语教学提供多元视角和解决方案。

具体来说，比较分析法可以采取以下几种方式：

纵向比较：分析不同国家学习者在日语学习过程中的异同，探讨文化差异如何影响学习策略和教学效果。

横向比较：如将英语教学法与日语教学法进行对比，或者在实验组与对照组之间进行比较，以识别特定教学法的有效性。

同类比较：如比较在中国和日本的中国学生学习日语的差异，探究环境变化如何影响学习成果。

相异比较：比如研究男性和女性学生在日语学习中的不同表现，理解性别因素在语言习得过程中的作用。

定性与定量比较：分析影响日语教学的各种因素及其量化影响值，如学习态度、教学资源、师资力量等，以综合评估教学效果。

通过上述比较分析，教育者可以更全面地理解日语教学的复杂性，开发出更加精细化和个性化的教学方案，从而提高日语教学的质量和效率。

（5）经验总结法

日语教学本质上是一个实践性极强的活动，其有效性和创新性很大程度上依赖教师和研究者从日常教学中积累并提炼出的经验。这些经验不应仅仅停留在直观感受或个人见解的层次，而应通过科学的方法进行总结和升华，使之成为具有普遍指导意义的理论。这一过程要求教育工作者具备清晰的科学研究意识，遵循一套严谨的程序来确保经验总结的准确性和适用性。

首先，确定研究课题与对象是至关重要的一步。研究者需要根据当前日语教学中的关键问题或前沿趋势，选定一个具有研究价值的主题，并明确研究将要覆盖的学生群体或教学环境。

其次，理解相关的方针政策，包括教育部门的指导思想、课程标准及语言教学的最新要求，这有助于研究工作保持正确的方向，并与教育政策保持一致。

再次，对国内外研究现状的掌握也是不可或缺的。通过文献回顾，研究者可以了解同行们在相关领域已经取得的成果和存在的争议点，避免重复劳动，同时发现新的研究切入点。

复次，制订详细的研究计划，包括研究目标、方法论、数据收集策略、时间表和资源分配等，这有助于研究工作的有序展开和高效执行。

在数据收集阶段，研究者需要搜集大量的具体事实，包括教学实例、学生反馈、测试成绩、观察笔记等，这些一手资料是后续分析和综合的基础。

分析和综合环节要求研究者运用统计分析、内容分析、案例研究等多种方法，从收集到的数据中提取有意义的模式和趋势，形成对研究问题的深入理解。

最后，通过广泛论证，研究者需要将分析结果转化为可传播的结论和建议，这可能包括撰写研究报告、发表学术论文、举办研讨会等形式，目的是分享研究成果，促进教育社区内的对话和反思。

总结经验并将其提升到理论高度，不仅能够为日语教学提供更坚实的基础，还能激励教育工作者持续创新，不断优化教学方法，以适应不断变化的教学需求和社会环境。这一过程体现了教育研究的循环往复和持续进步，是日语教学法研究与实践紧密结合的重要体现。

3. 研究工作的一般步骤

教育研究，尤其是针对日语教学的研究，通常遵循一套系统的方法，从准备阶段到最终的表述阶段，每个阶段都有其特定的任务和目标。以下是这一过程的概述，尽管在实际操作中，各阶段的工作可能会有重叠或交叉：

（1）准备阶段：

准备研究条件：这一步骤涉及收集文献资料，通过历史文献法了解现有知识和理论；确定观察班级，设计调查问卷和测试题，选择观察和实验对象；准备必要的实验用品。

拟订研究计划：明确研究课题、目的和意义，起草研究内容的大纲，规划研究的时间线，设定各阶段的截止日期。这一阶段的工作往往与准备研究条件相互交织，相辅相成。

（2）计划实施阶段：

随着准备工作就绪，研究者开始按照计划执行，这包括深入阅读文献、进行实地观察、开展调查和实验。在此期间，详尽记录和整理所有相关资料至关重要，以确保信息的准确性和完整性。

（3）分析判断阶段：

一旦收集到足够资料并完成实验，研究者需要对所有数据进行深入分析，这既包括定量统计，也包括定性归纳。通过这一过程，研究者能够提炼出规律性结论，形成有洞察力的观点，为下一步的表述工作奠定基础。

（4）表述阶段：

在拥有充分的资料和明确的观点后，研究者可以开始构思论文结构，将研究发现和论点整合成一篇有逻辑、有证据支持的文章。这一阶段要求研究者能够清晰、准确地表达自己的发现，确保论文内容充实、论据充分。

值得注意的是，虽然这里我们将研究过程划分为四个阶段，但在实际操作中，各阶段之间的界限可能并不那么分明。例如，在分析判断阶段发现资料不足时，研究者可能需要返回计划实施阶段重新收集资料；而在表述阶段，对资料的回顾和分析可能仍会继续。因此，研究工作往往呈现出一种迭代和循环的特征，每个阶段都可能对其他阶段产生反馈和影响，促使整个研究项目不断深化和完善。

四、日语教学法的学科属性与体系

（一）日语教学法的学科属性

关于日语教学法的学科归属，学术界一直存在不同的看法，主要聚焦于两个主要观点。一方面，有人主张日语教学法属于教育科学的范畴，作为外语学科教学论的一部分。这种观点基于日语教学法的研究对象——教师、学生、教材、课程和评价机制——它们都是构成教育过程的核心要素。因此，从这一角度来看，日语教学法的研究实质上是在探索教育和教养过程中的普遍规律，自然地，它应当被视为教育科学的一个分支。

另一方面，另一些学者认为日语教学法更贴近语言学，尤其属于日语应用语言学的领域。这一立场强调，日语教学法的核心任务在于教授学生掌握日语的语言知识和言语技能，这就意味着，研究过程中不可避免地要深入日语的语言结构、语法、词汇、文化和交际习惯等方面。从这个意义上讲，日语教学法实际上是日语语言学理论在教学实践中的具体应用，它紧密依托于日语语言本身的特性和文化背景。

这两种观点并非绝对对立，而是各有侧重。事实上，日语教学法作为一门学科，具有明显的跨学科性质，它融合了教育学、心理学、语言学、社会学等多个领域的知识和理论。因此，日语教学法既可以被视为教育科学的一个组成部分，也可以被看作是日语应用语言学的一个分支，两者相辅相成，互为补充。

此外，日语教学法与英语教学法、俄语教学法等其他外语教学法一样，共同构成了普通外语教学法的体系。普通外语教学法研究的是不同语言教学中的共通规律，它既源于各分科外语教学法的实践，同时也指导和影响着各分科外语教学法的发展。日语教学法作为其中的一环，不仅是一个学术研究领域，也是高等师范院校日语教育专业课程体系中的重要组成部分，承担着培养合格日语教师的重任。

日语教学法的学科属性反映了其复杂性和综合性，它在教育科学与语言学之间搭建了一座桥梁，促进了理论与实践的深度融合。

（二）日语教学法的体系

1. 基本理论

日语教学法的基本理论构成了该学科的核心支柱，它不仅涵盖了对语言、心理和教育的一般性理解，还具体化为一系列教学观点、原则和方法。这些理论为日语教学提供了理论依据和实践指导，确保教学活动的科学性和有效性。

一般语言观：强调语言是一种复杂的符号系统，具有结构、功能和文化三重维度。在日语教学中，这意味着教学不仅要传授语言规则，还要注重语言的实际运用和文化背景的理解，以促进学习者全面掌握语言。

心理观：关注学习者的认知过程、情感状态和个体差异。在日语教学中，我们应考虑学习者的记忆、思维、动机和兴趣等因素，采用适合不同学习风格和能力的教学策略，促进个性化学习。

教育观：倡导全面发展教育，强调教学不仅是知识的传授，还包括智力和非智力因素的培养，如批判性思维、创新能力、合作精神和跨文化交际能力等。日语教学应致力于培养学习者的综合素质。

语言知识和言语技能的统一：强调语言教学不仅要注重语法、词汇等知识的传授，也要重视听、说、读、写等言语技能的训练，使学习者能够在实际情境中灵活运用语言。

智力因素和非智力因素的统一：指出成功的语言学习不仅依赖学习者的智力水平，还与学习态度、学习动机、自信心等非智力因素密切相关。日语教学应创造积极的学习氛围，激发学习者的内在动力。

教学和教育的统一：教学不仅仅是知识技能的传递，还应该包括道德教育、情感教育和社会教育。日语教学应促进学习者的全面发展，培养具有社会责任感和全球视野的公民。

具体的日语教学原则和方法：例如，提倡听说读写并举，确保语言技能的平衡发展；语音、语法、词汇的综合教学，帮助学习者构建完整的语言体系；学习和习得相结合，通过有意识的学习和无意识的习得过程，促进语言的自然内化。

这些理论和原则共同构成了日语教学法的理论框架，指导着教学设计、教材编写、课堂管理、评估反馈等各个环节，为日语教育工作者提供了丰富的理论资源和实践指南。

2. 基本知识

基本知识是日语教学法中基本理论的具体化和应用层面，它涵盖了多种教学方法、技巧、手段和技术的运用，以及这些应用背后所蕴含的原理和解释。基本知识在日语教学实践中至关重要，它为教师提供了实施教学活动的工具和策略，帮助教师有效地传授语言知识，培养学生的言语技能，组织课外活动，以及运用现代化教育技术，以达到最佳的教学效果。

语言知识教学法：专注于如何教授日语的语法结构、词汇、句型、篇章结构等内容，包括直接教学法、任务型教学法、情境教学法、语法翻译法等，每种方法都有其特定的理论基础和应用场景。

言语技能教学法：关注听、说、读、写四项基本技能的培养，包括听力理解训练、口语表达练习、阅读理解策略、写作技巧指导等，旨在帮助学生在实际交流中运用日语。

课外活动组织法：涉及如何通过文化体验、角色扮演、小组讨论、演讲比赛、日语角等课外活动，增强学生的学习兴趣，提供更多的语言实践机会，促进语言技能的综合发展。

现代化教育技术手段使用法：涵盖多媒体教学、网络资源利用、虚拟现实技术、智能软件应用等现代教育技术，以提升教学效率，丰富学习体验，满足不同学习者的需求。

强化性和艺术性教学法：强化性教学法强调通过反复练习和刻意练习来巩固知识和技能，而艺术性教学法则关注教学过程中的创造性和审美性，旨在激发学生的想象力和创造力，使教学活动更加生动有趣。

基本知识与基本理论之间的关系是相互依存、相辅相成的。基本理论为基本知识的形成提供了理论依据，而基本知识则是基本理论在实践中的具体体现。在日语教学实践中，教师需要将基本理论与基本知识有机结合，根据教学目标、学生特点和教学环境，灵活选用适当的教学方法和手段，以实现最优的教学效果。这种理论与实践的紧密结合，是日语教学法学科体系完整性和实用性的体现。

3. 基础实践

基础实践是日语教学法学习者将理论知识转化为实际教学技能的初步尝试，它具有训练和探索的双重性质。在这一阶段，实践者不仅要熟练掌握基本的教学方法和理论，还要在实际教学环境中勇于创新，将个人理解和创意融入教学实践中。基础实践是教育实习、见习、评议会、讨论会等具体活动的集合，它涵盖了听课、备课、撰写教案、授课、批改作业、个别辅导、家访、指导课外活动等全方位的教学活动。

教育实习：是基础实践中最核心的部分，它让学习者有机会在真实的教学环境中担任教师的角色，面对真实的教学对象，将所学的理论知识应用于实际教学，体验教学的全过程。

见习：通常是在有经验教师的指导下，观察和学习教学过程，了解班级管理、教学策略、师生互动等细节，为未来的独立教学打下基础。

评议会与讨论会：是集体反思和分享教学经验的平台，通过与其他教师或学习者的交流，教师可以获取反馈，发现教学中的问题和改进空间，促进教学技能的提升。

听课与备课：听课是学习其他教师教学方法和策略的重要途径，而备课则是将所学理论应用于课程设计的过程，它要求实践者精心准备教案，确保教学内容的准确性和教学活动的有效性。

上课与批改作业：上课是对备课成果的直接检验，它要求实践者能够有效地传达知识，激发学生的学习兴趣。批改作业则是评估学生学习成效的方式，同时也能帮助教师了解教学中的不足，进行有针对性的改进。

辅导与家庭访问：辅导是对个别学生进行的针对性指导，旨在解决学生在学习过程中遇到的困难。家庭访问则是与学生家长沟通，了解学生的学习环境和家庭教育状况，建立家校合作的良好关系。

指导课外活动：组织和指导课外活动，如文化俱乐部、语言角、演讲比赛等，可以拓展学生的语言实践机会，培养学生的团队合作能力和跨文化交际能力。

通过基础实践，日语教学法的学习者能够逐步建立起自己的教学风格，形成解决问题的能力，为成为一名合格的日语教师奠定坚实的基础。实践不仅是理论学习的延伸，更是个人专业成长的催化剂。

4. 基础操作

基础操作在日语教学领域指的是教师在课堂上所运用的一系列技艺性和技术性的活动，它们构成了教学过程中的基本技能和手段。这包括但不限于板书的整体布局与设计，利用简笔画进行直观教学的构思与绘制，掌握并熟练使用各种电子化教学工具的操作技巧，以及开展在线课程的指导与管理。这些技能是日语教师必备的基本功，直接关系到教学效果和学生的学习体验，同时也是日语教育专业性的重要体现。

板书的设计要求教师能够清晰、有序地呈现教学要点，合理安排空间，使学生一目了然，便于理解与记忆。简笔画则作为辅助工具，通过简单线条快速描绘出与教学内容相关的图形或场景，增强课堂的趣味性和直观性，帮助学生加深对抽象概念的理解。

电化教具的使用，如投影仪、计算机、互动白板等，要求教师熟悉设备操作，能够有效整合多媒体资源，制作和展示高质量的课件，提升教学的现代化水平。在线课程指导则涉及网络教学平台的应用，包括课程内容的上传、在线互动的组织、学生作业的线上批改及远程教学的管理，这需要教师具备一定的信息技术素养和网络教学技巧。

掌握这些基础操作不仅能够提高课堂教学效率，还能丰富教学手段，满足不同学生的学习需求，营造生动活泼的学习氛围，从而有效促进学生语言能力的全面发展。这些技能的磨炼与提升是每位日语教师持续专业成长的必经之路，对于提升教学质量具有不可忽视的作用。

5. 专业思想

成为一名合格的日语教师，其专业思想的培养是贯穿于日语教学法学习与研究始终的核心。这一学科的复杂性——涵盖广度、深度与难度——连同教师所需具备的思想修养、文化修养及逻辑修养，共同激发着教育者对该领域的浓厚兴趣。这种兴趣转而催化专业思想的形成与深化，推动教学创新，因为教学本质上就是一种创造性的活动。教学法学科的发展，正是基于创造性的不断探索与实践，它鼓励教师在学习与研究中发挥创造力，而这正是学科生命力的源泉。

从一个更具体的视角来看，日语教学法可以被分解为教学思想与课程设计两大核心板块。其中，课程设计进一步细分为教学目的、教学内容、教学流程及教学方法。教学思想作为灵魂，指导着课程设计的方向与原则，而课程设计则是这一思想的实际体现。不同教学法体系之间的差异，既体现在各自独特的教学理念上，也反映在具体课程设计的各个环节中。

教学思想根植于对语言本质、社会功能、语言习得规律及母语与目标语言（日语）学习过程异同的深刻理解，它界定了教学活动的基本准则。确立教学目的，则是明确课程预期达成的目标。教学内容的规划涉及范围界定、选取依据、量时配比及内容体系的构建与排序。教学流程的设计关注于整体课程架构、阶段划分与过渡、课型配置及课内外教学的协调与分工。至于教学方法，则聚焦于构建课内外教学的有效模式，确保教学活动的高效与适切。

日语教学法学科的精进，依赖教师对教学思想的深刻领悟与灵活应用，以及在课程设计上的精心策划与创新实施。这不仅要求教师具备扎实的学术基础，还需要他们具备敏锐的洞察力与丰富的创造力，方能在日语教育的广阔舞台上，引领学生迈向语言学习的成功之路。

第二章

日语教学理论及其实际应用

第一节　认知语言学理论在日语教学中的应用

一、认知语言学概述

（一）认知语言学研究的目的

认知语言学作为一个新兴且充满活力的学科领域，其核心宗旨在于揭示语言现象背后的认知机制，通过探究人类的认知规律来对语言的多样性和统一性做出深入解释。它强调语言是认知的一个组成部分，而非孤立的存在，因此语言的结构、意义和使用深受人类认知过程的影响。

认知语言学突破了传统语言学将语言结构、语义和语用分离研究的局限，致力于寻找能够贯通这三个维度的认知方式，以期用更少的规则和原理来解释语言的复杂性。它试图通过简化分析框架，找到适用于解释语言各个层面的基本认知模式，从而揭示语言现象的本质联系。

在认知语言学的理论框架下，诸如体验、范畴化、概念化、认知模式、意向图式、隐喻、转喻、关联、识解等认知方式被提出并用于分析语言的不同层面。例如，隐喻和转喻作为认知映射机制，能够解释词义演变和语法化的过程；范畴化则帮助我们理解概念是如何在认知中形成和组织的。

人类对世界的认知方式直接影响了我们的概念结构，进而塑造了语言的形态和使用方式。不同的人因认知角度和重点的差异，对同一事物可能产生不同的认知，导致语言表达的多样性。认知语言学认为，语言的差异本质上反映了人类认知和概念结构的差异。

此外，认知语言学强调语言与百科知识、社会文化习俗、话语功能等外部因素的紧密联系。研究语言时，我们不仅要立足于认知基础，还需考虑人类的常识、文化背景和语言的社会功能，因为这些都是语言理解和生成的必要条件。因此，认知语言学主张在描述和解释语言现象时，应全面考量这些因素，以构建更加完整和准确的语言理论体系。

认知语言学通过深入挖掘语言与认知的内在联系，为我们提供了一个全新的视角来审视和理解语言的本质，促进了语言学与认知科学、哲学、心理学等多学科的交叉融合，推动了语言研究的革新与发展。

（二）认知语言学的核心内容

认知语言学以其独特的视角，将语言研究的焦点置于意义与认知的交会点，强调语言不仅是符号系统，更是人类认知能力的体现。认知语义学作为这一学科的核心部分，着重探讨语言意义如何源于人类对世界的体验和认知，以及这种体验如何转化为概念化的语言表达。

在认知语言学的框架内，"现实—认知—语言"的关系链清晰地表明了认知的中介作用。外部现实虽然提供了语言的物质基础，但真正影响语言结构和意义的是人类心智对这些现实的处理和建构。这意味着，语言并非直接反映外界，而是通过个体的主观认知和创造性想象，将现实世界转换为可传达的信息。

认知语义学坚持认为，语言的意义根植于个体的经验之中，是人类与环境交互过程中积累的体验的产物。这要求我们在研究语义时，既要关注客观现实的映射，也要重视主观认知的塑造力量。概念范畴，作为认知语义学的关键概念，揭示了人类如何通过心智活动将复杂的世界简化为可操作、可理解的单元，进而通过语言表达出来。

概念化，这一核心的认知过程，不仅包含了概念的形成，也涵盖了概念应用和发展的动态性。它体现了人类在面对现实世界时的主动性和创造性，意味着语言的意义是在不断变化和调整中形成的，反映了人类经验的丰富性和多样性。

认知语义学的目标是揭示这一系列认知活动——从范畴的建立到概念框架的构建，从认知模式的运作到推理过程的展开，再到隐喻机制的运用——如何共同作用于语言的形式与功能。通过剖析这些认知机制，认知语义学力图阐明语言如何忠实而又富有创造性地反映了人类心智的运作，以及这一过程如何影响语言的使用和发展。

认知语言学及其分支认知语义学，为我们提供了一种全新的理解语言本质的途径，即语言不仅仅是对外部世界的被动反映，而是人类认知活动的积极产物，是人类经验、概念和创造力的综合体现。

（三）认知语言学研究应遵循的原则

认知语言学作为认知科学与语言学交叉融合的产物，其研究视角独特，颠覆了传统形式主义语言学的孤立视角，强调语言与认知、现实世界的内在联系。这一学科坚持"现实—认知—语言"的基本原则，认为语言并非独立的封闭系统，其语法结构和使用规则深深植根于人类对世界的认知和经验之中。

在认知语言学的框架下，"现实—认知—语言"模式阐明了三者之间的动态关系。

首先，现实世界为认知提供了基础，人类通过感官与环境互动，获取原始信息。其次，这些信息经过大脑的认知加工，形成概念框架，即对世界的理解和解释。最后，这些概念通过语言符号得以表达，实现人际间的交流。在这个过程中，认知起到了关键的中介作用，连接现实与语言，使得语言的形成和发展与人类的认知结构紧密相连。

这一模式强调，现实世界与语言之间并非简单的映射关系，而是通过人类的认知活动进行转化和重构。认知决定了语言的结构和意义，而语言反过来也会影响认知过程，二者之间存在深刻的相互作用和影响。语言作为认知的表征，不仅反映了人类对世界的理解，还体现了人类思维的复杂性和多样性。

认知语言学的研究重点在于揭示语言背后的认知机制，它主张语言研究必须与认知研究相结合，探索语言在产生、习得、使用和理解过程中的认知规律，以及这些规律与思维、记忆等认知功能之间的关联。其核心目标是运用认知规律来解释语言的普遍性规则，包括词汇的选择、语法的构建、语义的理解及语用的灵活性等各个方面。

总而言之，认知语言学将语言视为认知现象的一种体现，强调其在人类认知活动中的作用和地位。通过深入研究语言与认知的关系，这一学科为我们提供了一种全新的视角，帮助我们更全面地理解语言的本质，以及它在人类思维、文化和社会交往中的重要作用。

二、认知语言学理论在高校日语教学中的应用

（一）认知语言学中的认知语法理论在日语教学中的应用

认知语言学视角下的日语教学方法强调了语言学习的深度和广度，尤其重视语言的文化背景和社会语境，这与传统的句型优先的教学模式形成了鲜明对比。认知模式主张语言结构的核心在于词义、音韵及符号单位的整合，认为语言的使用模式源于对大量自然语料的归纳总结，而非机械地套用固定句型。这意味着在教学中，我们应当引导学生接触真实语境下的语言使用，比如通过阅读日文报刊、小说等，以此来深化对句型的理解和应用，同时培养对日语文化的敏感度和适应性。

例如，"借花献佛"这样的成语在翻译成日语时，如果我们仅关注句型而忽略"佛"字在日语中特有的文化含义——"归天者"，就可能引起日本母语使用者的误解甚至不适。因此，教学中我们应当鼓励学生广泛涉猎，通过丰富的课外读物收集句型实例，这样学生不仅能够掌握句型本身，还能深刻理解其中蕴含的社会文化因素，逐步建立起地道的日语思维模式。

此外，认知语法对词汇和语法的综合观也对日语教学提出了新要求。与生成语法理论不同，认知语法并不严格区分词汇与语法，而是视两者为连续体上的不同阶段。这一理念促使教学方法超越单纯词汇记忆和句法规则的传授，转而培养学生在语言学习中运用抽象思维，理解词汇与语法之间的动态关联，从而达到更深层次的语言掌握。这种方法论的转变，有助于学生在日语学习中形成更加灵活和创造性的思维方式，提升跨文化交流的能力。

（二） 认知语言学中的隐喻在日语教学中的应用

隐喻，远超修辞技巧的范畴，是认知语义学的核心研究领域，以其精炼且蕴藉深长的特点，成为人类理解世界、类比范畴间作用与原理的基本认知途径。作为认知语言学的关键构成，隐喻在世界文学宝库中无处不在，以其独特的感染力触动人心。日语中的隐喻表达，常通过"主语＋主格助词＋表语＋判断助词"的构造实现，巧妙避开直喻常见的"如""像"等词，展现出一种更为内敛的修辞魅力。

隐喻与人类的认知架构紧密相连，映射着我们的世界观。当隐喻与接收者的心境共鸣时，它便能发挥强大的影响力，触动心灵深处。然而，传统日语教学往往侧重于语法、句法和词汇的表面意义，忽略了与日本文化精髓相融的隐喻教育，这导致学生在解读日语文本、参与对话时，只能触及皮毛，难以深入其境。鉴于此，引入隐喻思维至日语课堂势在必行，此举旨在促进学生对日语文化的深层领悟，助力他们通过各项能力考核，欣赏日本文学的精妙之处，理解复杂音频材料，并自如地运用日语进行沟通交流，从而全面掌握这门语言的丰富内涵与表达艺术。

（三） 认知语言学中的构式语法理论在日语教学中的应用

构式语法和生成语法代表了语言学研究中两种不同的理论视角。构式语法认为语法是由一系列习惯化了的集合体构成，它覆盖了从固定的习语到能够自由组合的 SVO（在日语中表现为 SOV，即主宾谓）构式的连续谱。生成语法则侧重于词汇项目及其组合规则，强调语言结构的生成性原则。尽管两者立场不同，但它们共同丰富了我们对语言本质的理解。

在日语中，构式语法理论可以清晰地体现在各种语法现象上。比如，前缀"超"作为形态素，用来加强形容词的程度；后缀"的"（在日语中表现为形容词或形容动词词尾），用于修饰名词；熟语"吴越同舟"，虽然是汉语成语，但也被日语使用者所熟知；双重宾语构式，例如"彼は私に本をくれた"（他给了我一本书），其中包含了主语、动词、直接宾语和间接宾语；被动态的构造，如"本が読まれた"（书被读了），通过助动词表达了被动意义。

将构式语法理论应用于日语教学时，我们看到它并不与生成语法相冲突，而是提供了互补的视角。认知语言学的引入，包括隐喻、范畴化和认知语法的概念，使得传统生成语法中的"词汇""形态"和"句法"等概念得以在更广泛的认知框架内得到解释和深化。然而，认知语言学的抽象特性意味着教学方法需要创新，不能仅限于死记硬背，而应该通过实例分析、互动讨论和实际应用等方式，帮助学生建立直观理解，从而更好地掌握日语语法的精髓。

这种融合多种语言学理论的教学策略，不仅能让学生掌握语言的形式规则，还能培养他们对语言背后文化和认知过程的深刻认识，促进语言学习的有效性和深度。

（四） 认知语言学中的范畴化理论在日语教学中的应用

范畴化的形成是一个逐步构建概念框架的过程，其对语言学习尤其重要。我们通过肉眼观察并认知世界，如识别"主语＋宾语＋谓语"的日语句式结构，这是模式认知的基础，有助于理解语言的基本架构。接下来，当遇到新句子时，我们会从长期记忆中检索已知的句法元素，如主语、谓语和宾语，以构建句子的意义。

随后，我们会在记忆中寻找最相似的参照物，比如在学习日语时态时，可能会联想到中学阶段学过的 16 种英语时态，通过对比来加深理解。接着，我们需要推断对象的性质，对于日语中大量存在的汉字词汇，只有准确判断其在日语中的角色，我们才能恰当地使用它们，这要求我们了解日语的特有习惯。

范畴化的核心在于从过往经验中提炼出代表性案例，形成可广泛应用的模式。典型的例子往往具有更强的记忆效应，例如，通过记住"重箱"（じゅうばこ，前音后训）和"汤桶"（ゆだま，前训后音）这两个词汇，可以帮助我们区分日语中容易混淆的读音规则，使学习者能够轻松应对复杂的读音变化。

在日语教学中，结合认知语言学的四大支柱——隐喻、范畴化、构式语法和原型理论，我们可以对生成语法理论进行深化和扩展。教师应利用这些理论来补充课本上的语法点，比如通过典型例句展示句法结构的灵活性和多样性，或者通过对比分析帮助学生识别和记忆语言模式。这样，学生不仅能够掌握语法的形式规则，还能理解其背后的认知逻辑，从而达到更深层次的学习效果。

第二节　认知负荷理论在日语教学中的应用

一、认知负荷理论概述

（一）认知负荷及相关概念

1. 认知负荷的定义

认知是个体获得知识和解决问题的操作和能力，即信息加工的过程和能力，认知负荷存在的基础是人类信息加工容量的有限性。因为认知负荷多维性、复杂性、内隐性的特点，对于认知负荷的定义，目前尚未统一。

认知负荷可以从理论与实践两个层面理解，理论层面以实验室研究为视角定义认知负荷，实践层面以实际应用研究为视角定义认知负荷，往往紧密结合教育实践。

理论上，从能力角度考虑，认知负荷是用来处理被加工信息的心智能力；从心智角度考虑，认知负荷指学习者在心智上耗费的努力强度，包含个体感受心智努力和心智负荷的负载状态；从心理能量角度考虑，认知负荷是加工特定数量信息要求的心理能量水平，认知负荷的高低与待加工信息数量的多少有直接关系；从心理资源角度考虑，认知负荷是学生学习过程中完成认知任务需要的心理资源数量。

实践中，对认知负荷的定义有两类视角：其一，在定义中明确认知负荷产生的空间——工作记忆；其二，强调动态定义，使用投入、协调、知觉和体验等动态感名词。

2. 认知负荷的教学效应

目标自由效应、样例效应、完成问题效应、分散注意力效应、形式效应、想象效应及独立交互元素效应，共同构成了教育心理学中提升学习效率的不同策略。

目标自由效应倡导使用开放性问题替代具有明确指导目标的传统题目，鼓励学习者自主探索和发现，促进创新思维和解决问题的能力。

样例效应则建议利用已完成的示例取代常规问题，要求学习者深入研究这些样例，通过模仿和理解来掌握解决问题的方法，而不是仅仅依赖解答步骤。

完成问题效应提倡采用部分解答的题目来代替完整的问题，提供一定的线索或起始步骤，促使学习者完成剩余部分，这种策略能够增强学习者的参与感和成就感。

分散注意力效应主张使用综合型信息来源，如图文并茂的资料，代替分散的多个信息源，以此减少认知负荷，使学习者能更有效地吸收信息。

形式效应强调结合口头讲解和多元化的视觉素材，如动画、视频等，代替单一的文字或图表，以多感官刺激的方式促进理解和记忆。

想象效应鼓励学习者运用想象或心理演练来代替传统的辅助学习材料，通过内在的心理活动加深对学习内容的理解和记忆。

独立交互元素效应建议在介绍高度互动的复杂材料时，先让学习者接触一些独立的、基础的组成部分，再逐步过渡到完整的材料，帮助他们建立渐进式的理解框架。这些策略旨在优化学习体验，提高学习效率，使学习过程更加高效且富有成效。

（二）认知负荷理论的理论基础

认知负荷理论基于人类认知结构的特性而发展，它强调工作记忆作为信息处理的核心区域，其处理能力是有限的，而长时记忆作为信息存储的仓库，其存储量几乎可以视为无限。当认知系统面对超出工作记忆容量的信息时，会导致信息处理效率下降，出现所谓的"认知超载"。长时记忆中的信息以图式的形式组织，高度自动化的图式在被激活时不会占用额外的认知资源。

该理论指出，学习的本质在于构建新的图式，并通过不断的练习和应用使这些图式自动化。这一过程涉及图式的增量和结构优化，即增加图式的数量并细化其架构，从而提升知识的深度和广度。通过减少不必要的认知负荷，优化信息呈现方式，我们可以提升学习效果，避免信息过载，确保学习者能够有效构建和自动化图式，进而提高学习效率和质量。

1. 资源有限理论

资源有限理论，最初由心理学家丹尼尔·卡尼曼（Daniel Kahneman）提出，亦称有限容量理论或资源分配理论，重点关注"资源"概念，主要涉及注意资源和认知资源。该理论的核心观点是人类的认知资源是有限的，当个体同时处理多项任务时，这些有限的资源会被分配到各个任务上，遵循"此多彼少，总量不变"的原则，即资源在不同任务间的分配会相互竞争，一个任务获得的资源增多，另一个任务获得的资源就会相应减少。

结合认知负荷理论，我们可以进一步理解，工作记忆作为认知处理的前线，其资源同样是有限的。这意味着当工作记忆中需要加工的信息量超过其容量时，新进入的刺激信息可能无法得到充分处理，导致学习效率下降，出现认知超负荷的现象。因此，设计教学内容和方法时，我们必须考虑到工作记忆的限制，避免一次性呈现过多信息，确保学习者能够有效处理和整合新知识，从而提高学习成效。

2. 图式理论

图式理论强调，知识的组织方式对信息处理效率有重大影响。它认为，长时记忆中的知识以图式的形式存储，即多个相关信息元素被整合成单一的信息单元。这种组织方式意味着单个图式可以携带大量信息，从而减少了工作记忆在处理新信息时的负担。

基于图式理论，认知负荷理论进一步指出，当知识以图式的形式被高度自动化时，可以显著降低工作记忆的负荷。这是因为自动化图式在激活时不需要消耗工作记忆的资源，因此，它们为工作记忆腾出了空间，使其能够更有效地处理其他信息。这不仅提高了信息处理的速度，也增强了学习和记忆的效果，促进了学习效率的提升。

简而言之，通过构建和自动化图式，学习者能够更有效地管理和利用有限的认知资源，克服工作记忆容量的限制，从而在学习过程中达到更高的效率和更深的理解。

（三） 认知负荷的类型及其影响因素

1. 内在认知负荷

内在认知负荷是由学习材料本身的复杂性和学习者先前的知识经验共同决定的。材料的复杂度，即其中元素的数量和相互关联性，直接影响了内在认知负荷的大小：元素越多，相互作用越复杂，学习材料的难度就越大，对学习者工作记忆的负担也就越重。然而，对于相同的学习材料，不同学习者由于其知识经验的差异，感知的难度和承受的内在认知负荷也会有所不同。

知识经验丰富的学习者，相较于初学者，能够更轻松地处理复杂的学习材料，因为他们可以利用已有的图式来简化信息处理过程，从而降低内在认知负荷。这表明，内在认知负荷虽然在一定程度上受到学习材料固有特性的限制，但并非不可改变。通过优化学习材料的呈现方式，如使用图表、示例和总结，以及促进学习者先前知识的激活，我们可以减轻内在认知负荷，提高学习效率。

研究者们已经开发出了一系列旨在减轻内在认知负荷的教学策略，比如分步呈现信息、使用可视化辅助、提供结构化指导和鼓励元认知监控等，这些方法旨在帮助学习者更有效地管理他们的认知资源，减少不必要的负担，从而促进更深入的学习和理解。

2. 外在认知负荷

外在认知负荷，被视为一种无效的认知负荷，其源于学习过程中那些干扰学习的外部因素。它直接关联于学习材料如何被组织和呈现，以及学习活动的设计是否恰当。当学习者参与的活动并未直接促进新知识的获取或技能的自动化时，他们便会产生外在认知负荷。例如，与学习目标不相关的冗余信息、复杂的排版设计或是杂乱无章的材料展示，都会导致学习者的注意力分散，增加其认知负担。

这种类型的负荷不仅不会促进信息处理，反而会干扰并阻碍学习者对关键信息的吸收，对构建知识图式造成负面影响。然而，鉴于教学设计具有可塑性，外在认知负荷是可以通过精心规划而得到控制的。采用清晰、有序且直观的教学策略，如结合图表、多媒体演示和互动环节，我们能显著降低外在认知负荷，使学习者更加专注于核心概念的理解。

举例而言，在教授细胞膜运输机制时，仅依赖纯文本或口头讲解可能难以让学生充分理解这一抽象概念，从而增加认知负荷。相反，利用图表、动画和模拟实验等多媒体资源，不仅可以使复杂的过程变得生动直观，还能引导学生逐步掌握知识要点，有效减轻外在认知负荷，提升学习成效。

3. 相关认知负荷

相关认知负荷，作为认知策略导向下的有效负荷，主要受到学习者在建构知识图式时所投入的努力及他们运用元认知策略的影响。在学习进程中，当工作记忆中的认知资源得以被有效管理，剩余的资源会被用于执行更高层次的认知任务，如概念重组、抽象化、对比分析和逻辑推理，这些活动支撑了知识图式的建立与发展。

这种负荷源自教学设计的精妙之处，旨在促进学习者对新知识的深度理解和整合，对图式的形成与熟练应用起着关键作用。在认知资源充沛的情境下，学习者能够利用额外的资源来自我监控和调节学习进程，从而实现更深层次的知识建构。例如，教师通过引入与概念紧密相连的实例或案例，能够激发学生更深入地理解概念的本质。

认知负荷总量涵盖了内在认知负荷、外在认知负荷与相关认知负荷三个维度的总和。鉴于工作记忆的容量有限，资源的分配遵循"此消彼长"的规律——这意味着，只有当内在认知负荷和外在认知负荷保持在较低水平，我们才能腾出更多空间给相关认知负荷，以便进行诸如重组、对比和推理等复杂的认知活动。因此，在教育实践中，如何平衡和调整这三种负荷，确保认知心理资源的合理分配，成为学者和教育工作者持续探索的课题。优化教学设计，合理控制各类认知负荷，对于提升学习效率和效果至关重要。

二、认知负荷理论在日语教学中的应用——以基础日语课程教学设计为例

（一）认知负荷理论对教学设计的指导作用

通过对认知负荷理论的分析，结合教学实践，我们可以发现认知负荷的三种类型具有以下几方面的特点。

1. 内在认知负荷的可变性

基于认知负荷理论的教学设计研究中，虽然较多关注于降低外在认知负荷和提升相关认知负荷，但内在认知负荷的可变性也逐渐成为研究的焦点。这种可变性体现在学习材料的可选择性和学生群体的多样性和可塑性上，同时也涉及学习能力随时间提

升的动态变化。

学习材料的可选择性意味着教师在准备教学内容时，可以根据学生的现有知识水平和学习风格，挑选结构清晰、信息量适中、与学生已有知识相连接的材料，通过精心编排教学材料，使之条理分明、重点突出，我们可以有效降低内在认知负荷，使学生能够更专注于核心概念的学习。

学生群体的多样性和可塑性要求教师在设计教学方案时，需充分考虑不同学生的学习起点和能力差异。教师应基于普遍认知能力制订教学计划，同时在关键知识点和难点上提供额外支持，以满足不同认知水平学生的需求，从而实现整体教学效果的最大化。

此外，随着学习的深入，学生从初学者成长为专家的过程，其内在认知负荷的标准也会随之变化，起初可能被视为高负荷的内容，随着学生知识体系的完善和认知技能的成熟，逐渐变得易于理解和掌握。因此，累积知识和经验对于降低内在认知负荷至关重要，教师应鼓励学生持续学习和实践，以促进其认知能力的提升。

教学设计应兼顾降低外在认知负荷、优化相关认知负荷及合理控制内在认知负荷，同时认识到内在认知负荷的可变性，通过选择适宜的教学材料、尊重学生个体差异和促进学习能力的持续发展，来提高教学质量和学习效率。

2. 外在认知负荷的可控性

基于认知负荷理论，优化教学设计或材料的呈现方式是降低外在认知负荷的关键策略。在中国当前的教育研究中，我们对认知负荷理论的应用大多聚焦于这一领域，旨在通过精细化的教学设计减少对学生认知资源的非必要消耗。

降低外在认知负荷的具体措施包括分阶段、分步骤地组织教学内容，避免一次性呈现过多信息。这意味着教师应构建清晰的知识框架，将复杂的教学目标拆解为一系列小目标，每一步都确保学生能够稳固掌握后再过渡到下一阶段。此外，减少冗余信息的传递也极为重要，即剔除那些不会直接促进学习目标达成的额外例子或说明，防止它们占用学生宝贵的注意力和工作记忆空间。

通过这种方式，教师可以确保学生将有限的认知资源集中于核心概念和技能的掌握上，避免因无关信息的干扰而导致的认知超载，从而提高教学效率和学习成果的质量。在设计教学活动时，教师应精心筛选和组织教学材料，确保每一部分都直接服务于学习目标，同时通过适时的复习和总结，帮助学生巩固新知识，减少遗忘，最终达到提升学习效果的目的。

3. 关联认知负荷与其他两种认知负荷的相关性

关联认知负荷与内在认知负荷及外在认知负荷之间存在着密切的联系。学习过程本质上是一个积累和建构的过程，随着学习的深入，学生能够构建更多的知识图式和认知结构，这些结构的自动化过程也会随着关联认知负荷的增加而加速。这样一来，内在认知负荷的阈值会逐渐提高，意味着学生能够处理更复杂的信息，而不感到负担过重。因此，如果在一段课程的学习周期内，每次学习活动都能维持较高水平的关联认知负荷，那么随着课程的推进，内在认知负荷将会逐渐减少。

学生的兴趣对于关联认知负荷的高低有着直接的影响。通过采用多样化且引人入胜的教学材料和展示方式，我们可以有效激发并维持学生的学习兴趣，从而提升关联认知负荷。然而，这种多样性如果过度，反而会转化为冗余信息，增加学生的外在认知负荷，消耗宝贵的认知资源。因此，平衡"丰富"与"冗余"之间的界限，找到合适的度，是提高教学效果的关键。

鉴于三种类型的认知负荷相互关联，教学策略的设计不应孤立地针对某一种负荷，而应综合考虑所有类型。理想的策略应该是既能减轻内在和外在认知负荷，同时又能促进关联认知负荷的提升。这意味着在教学设计中，教师需要精心规划，确保信息的呈现既不过于复杂也不过于简单，既能激发学生的兴趣又不会造成不必要的认知负担，从而在提升学习效率的同时，促进学生的深度理解和长期记忆的形成。

（二）认知负荷理论指导下的基础日语课程教学设计

1. 基础日语课程在日语专业教学中的地位

基础日语课程作为日语专业学生的入门基石，承担着为学生在听说读写译等语言技能方面奠定坚实基础的重任。面对零起点的学习者，课程设计需全面系统，分阶段地传授语言知识，从发音训练起步，逐步深入至词汇、语法、句型乃至篇章分析，旨在培养学生的独立阅读能力、深入分析文章的能力、流利的日语口语交流能力及写作和翻译能力。基础日语课程的两年 32 学分设置，在整个日语课程体系中占据核心地位，其教学质量直接影响着日语本科专业学生的综合语言素养。

随着日语学习者数量的激增，日语已远远超越了小语种的范畴，成为众多高等教育机构、语言学校和培训机构的热门选择。然而，相较于英语教学理论和方法的成熟体系，我国的日语教学研究仍有较大提升空间。鉴于基础日语课程的关键地位，深化其教学理论与方法的研究显得尤为重要，这不仅关乎提升教学质量，更关系到培养高质量日语人才的战略目标。未来，我们应加大对此领域的研究力度，借鉴国际先进教学理念，结合本土化需求，不断创新和完善日语教学模式，以满足日益增长的日语学习需求，促进日语教育的全面发展。

2. 认知负荷理论指导下的基础日语教学策略

控制认知负荷在基础日语教学中至关重要，合理选用教材是第一步。教材的选择需考虑不同理念，如面的拓展、语法详述或实践导向，教师应详尽分析各版本，挑选契合学生特性的教材，确保内在认知负荷适度，同时提升学生兴趣，增强关联认知负荷。

选定教材后，教学策略应覆盖课前预习、课上学习与课后复习。预习任务如单词与语法点的熟悉，构建课程框架，降低课堂认知负担，提升学习成效感，激发兴趣，增强关联认知负荷。

课上学习设计关键环节，导入需精心策划，利用动漫、文化或新闻吸引学生，确保高参与度。新知讲解精简高效，适度机械操练，避免冗余效应，适时扩展，引导学生构建图式，采用分组讨论与互动教学，增强主体性，如通过思维导图辅助学习。

拓展训练聚焦输出，提供支撑材料，运用对话与演讲，巩固学习。课后作业促进图式的形成，平衡机械操练与方法指导，教师应引导学生发掘个人学习策略，而非单向灌输，实现高效学习，最终提升学生的整体认知负荷管理能力，优化学习体验与成果。

第三节　建构主义与语用学理论在日语教学中的应用

一、建构主义理论及其在日语教学中的应用

（一）建构主义理论概述

1. 建构主义学习理论介绍

建构主义作为一种教育理论，核心在于理解和重塑学习者如何在已有经验的基础上构建新的知识。应用于初中英语词汇教学，这一理论主张学生不是被动的信息接收者，而是主动的意义建构者。通过将建构主义融入词汇教学，教师可以设计情境，鼓励学生探索、互动与合作，从而加深对词汇的理解和记忆。

在课堂上，这意味着创造真实或模拟的语言使用环境，让学生在实际交流中运用新学的词汇，促进意义的生成。教师可以引导学生通过项目、游戏、角色扮演等活动，让他们在解决问题的过程中自然地习得词汇，而非仅仅通过死记硬背。这种做法不仅能提高教学效率，还能激发学生的兴趣，培养他们自主学习的能力，为终身学习打下坚实的基础。

例如，教师可以组织词汇主题的小组讨论，让学生围绕特定话题使用新学的词汇进行表达，或者设计词汇卡片游戏，让学生在游戏中匹配词汇与其意义或应用场景。这些活动促使学生主动思考，将词汇与个人经验和现实世界联系起来，从而实现更深层次的理解和长期记忆。

（1）建构主义学习理论

建构主义作为一种哲学方法论，聚焦于事物结构的构成、演变及其形成机制。在教育领域，建构主义学习理论深入探究认知过程的本质，包括学习的发生机理、意义的建构路径、概念的形成逻辑，以及构建理想学习环境的关键要素。

①理论根基

建构主义学习理论的根基植根于儿童认知发展理论，尤其受到让·皮亚杰（Jean Piaget）的深远影响。皮亚杰认为，学习是个体主动建构知识的过程，而非外界信息的简单灌输。学习者通过同化（assimilation）和顺应（accommodation）两种机制，将新信息整合进现有的认知结构中，或调整原有认知结构以适应新信息。

②核心主张

建构主义强调以学习者为中心，倡导激发学习主体的能动性。它颠覆了传统"填

鸭式"教学观念，推动教育从教师主导的传授模式转向学生主导的探索模式，这在教学设计上具有革命性的导向作用。在建构主义视角下，学习被视为一个主动建构意义的过程，其中学习者利用各种学习策略，如"刺激反应"学习法、归纳推理等，来整理和内化新知识，最终实现知识的掌握和应用。

总而言之，建构主义学习理论倡导学习者主动参与，强调个体在学习过程中的中心地位，主张通过与环境的交互及个人经验的整合来建构知识。这一理论不仅丰富了我们对学习本质的理解，也对现代教育实践产生了深远影响，促进了教育方式的革新和优化。

（2）建构主义的特点

建构主义，作为认知主义的分支，其理论根基深厚，涉及哲学、心理学、社会学及教育学等多个学科领域。皮亚杰的儿童认知发展理论为其奠定了早期基础，而冯·格拉斯费尔德的激进建构主义进一步拓展了这一理论框架。建构主义的核心理念在于，教育应当致力于培养学习者独立思考、分析问题和解决问题的能力，强调学习者的主体性和自主性，主张学习是在教师的引导下，由学习者主动参与、探索和建构知识的过程。

建构主义教学的特征体现在多个方面：

①学生处于学习过程的中心，教师提供平台和机会，鼓励学生自我探索和发现。

②利用真实情境下的资源，使学习更具实践性和相关性。

③教师的角色转变为指导、监督、促进和支持，而非传统的知识传递者。

④通过协商设定学习目标，增强学生参与感。

⑤小组讨论、合作学习和自主学习成为建构知识的重要途径。

⑥提供复杂的真实数据，促进深度理解和批判性思考。

⑦问题解决、高层次思维和深度理解成为学习的焦点。

⑧鼓励错误和反思，将其视为学习过程的宝贵部分。

⑨注重培养探索精神和发现能力。

⑩在必要时提供"脚手架"，即适当的辅助和指导，帮助学生跨越学习障碍。

⑪考核方式贴近实际，与教学过程紧密结合，反映学生的真实学习成果。

建构主义强调，知识的获取不是单向的灌输，而是学生通过与环境互动，主动建构的过程。教师虽不再占据课堂的绝对中心，但其角色不可或缺，作为组织者、引导者、促进者、指导员和监督员，教师的任务是创设适宜的学习环境，激发学生潜能，引导其独立思考，最终实现知识的自主建构。

2. 建构主义理论下的基本教育观

建构主义，既是认知理论的一种，也是学习哲学的一支，它对传统的认识论进行了深刻的反思与挑战，为教育领域带来了全新的视角。在建构主义理论的引领下，知识观、学习观、教学观及评价观均呈现出鲜明的特色，对教育教学实践产生了深远的影响。

建构主义的知识观强调，学习者基于自身已有的知识经验、信念，对新信息采取主动选择与加工的态度，从而建构起个人的理解，并促使原有知识体系因新信息的融入而调整与重构。这意味着学习者是个独立的个体，拥有独特的思维与见解，知识的习得不是机械的复制，而是在社会不断发展变迁的背景下，对知识进行持续建构的过程。

建构主义的学习观倡导在教师的引导下，以学习者为中心的学习模式。学习者不仅是信息的被动接收者，更是意义的主动建构者，他们在接收新信息的同时，也需对自己的既有经验进行改造与重组，以适应新知识的整合。

建构主义的教学观突出学习者的主体地位与自主选择，强调教学重心应转移到学习者身上，而非教师的单向传授。教师的角色转变为引导者，利用学习者原有的知识与经验作为新知识学习的基石，激发学习者在已有知识框架上，自主建构新的知识经验。

建构主义的评价观提倡将评价重心从"结果式评价"转向"过程式评价"，倡导评价主体的多元化、评价方式的情境化及评价内容的全面化，旨在全方位、动态地评估学习者的成长与进步。

建构主义理论倡导以学习者为中心，强调知识的主动建构与个人经验的融合，要求教育者创设与现实生活相近的学习情境，促进学习者之间的合作与对话，最终实现知识意义的深度建构。同时，评价机制的革新，更侧重于学习过程的考察，鼓励学习者在互动与探索中实现自我超越。

（二）建构主义理论在日语教学中的应用——以日语口译教学为例

在国际交流日益频繁的背景下，口译技能成为连接不同文化与语言的关键桥梁。然而，传统的日语口译教学往往过分依赖教师主导的教学模式，忽视了学生主体性的发挥、教学过程的开放性及互动性的培养，这些因素限制了学生口译能力的全面提升。

近年来，随着建构主义理论在教育领域得到广泛认可和应用，高校日语口译教学迎来了新的变革。建构主义强调以学生为中心，倡导在教师的引导下，学生通过主动参与、合作学习和情境模拟等方式，建构自己的知识体系和技能框架。这种方法不仅提升了教学的互动性和开放性，还激发了学生的学习积极性和创造性，使他们在实践中不断深化对口译技巧的理解和掌握。

具体到日语口译教学中，建构主义理论的引入意味着教师需要转变角色，从知识的灌输者变为学习过程的指导者和促进者。通过创设真实的口译场景，鼓励学生进行角色扮演、小组讨论和即时反馈，学生能够在模拟的国际交流环境中锻炼听力理解、快速反应和语言转换能力。此外，教师还可以利用多媒体资源，如视频会议、在线论坛和虚拟实验室，提供多元化的学习材料，丰富学生的学习体验，促进其语言技能的全面发展。

建构主义理论的运用为日语口译教学注入了活力，它不仅改善了教学效果，还培养了学生自主学习和团队协作的能力，为他们将来在国际舞台上展现高水平的口译能力奠定了坚实的基础。

1. 营造良好的教学情境，引导学生主动建构学习内容

鉴于口译学习的特性，即要求学习者在真实或模拟的真实情境中进行练习以达到最佳学习效果，因此，构建逼真的口语交流场景对于提升口译教学质量至关重要。通过模拟真实情境，学生能够在一个接近实战的环境中锻炼听力、口语表达、快速反应及跨文化交际能力，这对于提高口译水平极其有益。

在实际操作中，教师可以充分利用多媒体教学资源，如新闻广播、会议实录、访谈视频等，作为口译训练的素材。这些真实的语言材料不仅能够提供丰富的语言输入，还能帮助学生熟悉不同场合的语言规范和文化背景，从而提升其口译的准确性和自然度。

采用多种教学手段，如在线学习平台、虚拟教室、互动软件等，我们可以为学生打造一个灵活、高效的学习环境，便于他们进行自主学习和实践。这种方式不仅能够减轻教师的课堂教学负担，还能激发学生的学习兴趣，促进其主动参与，特别是在口译技能的个性化训练方面。

教师还可以鼓励学生自行准备口译材料，这不仅能够拓宽学生的知识视野，增强其自主学习的能力，还能避免教学内容的单一化，使学习过程更加生动有趣。学生在准备材料的过程中，会自然而然地接触到不同领域的专业知识，这对提升其口译的专业性和灵活性大有裨益。

通过创设真实的口译情境，结合多媒体技术和学生自主学习，我们可以显著提升口译教学的质量和效率，培养出更多具备扎实语言功底和出色口译能力的专业人才。

2. 采用小组合作学习模式，注重学生的主动性和参与性

在口译学习中，合作学习模式对于提升学生的语言表达能力和口译技能尤为关键。教师应主动搭建合作平台，依据学生的能力水平划分学习小组，确保每个小组内的成员大致处于同一水平线上，以促进相互学习与提高。通过小组合作，每位学生都能积极参与到口译练习中，增强训练效果。

合作学习可以分为组内合作与组间合作。组内合作强化了学生的参与度，打破了传统课堂中教师单向授课的局限，使得教学覆盖到每一位学生，同时促进了同学间的沟通交流。组间合作则进一步拓展了学生的社交网络，锻炼了他们在不同群体中的交流能力。

教师可以设计多样化的合作任务，如分配给每个小组不同的口译材料，要求他们进行准备并与其他小组分享交流，这样不仅能让学生掌握新知识，还能提升他们的团队协作和社交技巧。为了激发学生的学习兴趣，任务内容可以结合时事热点或选取学生感兴趣的题材，如剧本演绎，使口译练习更具吸引力。

口译是一项集信息接收、分析处理与即时表达于一体的高度综合性工作，对学习者的逻辑思维和临场应变能力要求颇高。在教学实践中，教师应采用项目式或任务驱动式教学法，引导学生经历"接收—分析—表达"的全过程，同时提供充分的交流机会，如定期举办小型研讨会或模拟口译比赛，让学生在实践中不断磨炼技能，提高口译效果。

通过精心设计的合作学习活动，我们不仅能够增进学生的团队协作能力，还能显著提升其口译技能和跨文化交流能力，为他们将来在口译领域的发展奠定坚实的基础。

3. 善用互动式教学形式，突出学生的主体地位

当前，高等教育领域正广泛推行"以学生为中心"的教学改革，强调教学活动应围绕学生的需求和兴趣展开，促进学生主动参与和深度学习。为了实现这一目标，教师与学生之间的有效互动成为教学改革的核心内容之一。互动式教学强调双方的双向交流，而非单向的信息传递，提问法常被视为开启互动式教学的切入点。

在课堂上，教师通过提问或引入游戏等互动环节，可以激发学生的好奇心和参与度，促进师生之间的交流。学生对问题的回答或游戏中的表现，能够反映其对知识的掌握程度和理解深度，为教师提供实时反馈，帮助教师了解学生的学习状况，及时调整教学策略和节奏，以满足学生的学习需求。

通过互动式教学，学生不再是被动的知识接受者，而是课堂活动的积极参与者，这有助于提升学生的批判性思维、问题解决能力和团队协作技巧。此外，互动式教学还能增强课堂的活力和趣味性，提高学生的学习动力和课堂效率，为学生创造一种更加开放、包容和富有成效的学习环境。

"以学生为中心"的教学理念要求教师不仅要传授知识，更要成为学生学习的引导者和支持者，通过多样化的互动方式，激发学生的学习潜力，促进其全面发展。互动式教学的实施，能够有效促进学生主体性的发挥，提升教学效果，这是推动教育现代化的重要举措。

4. 采用综合性效果评价方式，对学习者进行更客观全面的评价

在评估学习成果时，采取全面而综合的评价方法至关重要。评价应涵盖学习者的学习态度、学习表现、课堂参与度及在合作学习中的贡献等多个维度，旨在全面反映学习者的综合能力与进步。

具体而言，评价体系应包含以下几种评价方式：

教师评价：这是最为传统和直接的评价方式，教师根据学生在课堂上的表现、作业完成情况、考试成绩及对课程内容的理解和应用能力进行评分。教师评价通常侧重于学术成就和技能掌握情况。

小组互评：在合作学习的环境中，小组成员相互评价彼此的表现，包括团队合作精神、沟通技巧、贡献度及任务完成情况。这种方式能够提升学生的责任感和团队协作意识。

自我评价：鼓励学生自我反思，评估自己的学习过程和成果，识别强项与不足，设定个人发展目标。自我评价有助于增强学生的自我意识和自主学习能力。

将上述三种评价方式结合使用，可以构建一个更为公平、客观和全面的评价体系。通过综合考量教师的专业判断、同伴的客观反馈及学生的自我认知，我们能够更准确地衡量学生在日语口译学习中的综合表现和成长轨迹。这样的评价机制不仅能够提供多角度的反馈，还有助于培养学生的批判性思维、自我反思能力和团队合作精神，为他们未来的学习和职业发展奠定坚实的基础。

二、语用学理论及其在日语教学中的应用

（一）语用学的定义

语用学是一门专注于研究语言使用者在实际交流中如何产生和理解言语行为意义的学科。它探究的是说话者（说写者）意图传达的意义，以及听话者（听读者）如何在特定语境下解读这些意义，同时考虑语言使用中各种因素的相互作用，尤其是语境对意义构建的影响力。

语用学的焦点在于理解语言的动态应用，即如何在不同情境下，通过语言手段实现意义的传达与接收。它不仅着眼于语言本身，还深入分析语言使用者的意图、语境的作用及语言使用者之间的互动关系。语用学研究的范围包括但不限于：

1. 言语行为理论：探讨说话者通过言语行为所表达的意图，以及听话者如何根据语境理解这些意图。

2. 语境的作用：研究语境如何影响言语意义的生成，包括时间、地点、参与者身份、文化背景等因素。

3. 会话含意：分析会话中隐含的意义，即说话者未直接陈述但期望听话者能理解的"言外之意"。

4. 礼貌原则与面子理论：探讨在社会交往中，语言如何被用来维护参与者之间的关系和谐，避免冲突。

5. 指示语与参照：研究如何通过语言指代现实世界的实体或概念，以及这种指代如何受制于语境。

6. 预设与推断：分析语言中隐含的前提信息，以及听话者如何基于这些信息进行推断。

语用学旨在揭示语言使用中的微妙之处，理解在具体语境下，说话者如何巧妙地运用语言手段，实现其交际目的，同时听话者又是如何凭借语境线索，解析出言语背后的深层意义。这种对语言实际应用的深入探究，对于提高跨文化交际能力、增强语言理解和表达的准确性，以及促进人与人之间的有效沟通，都有着重要的理论价值和实践意义。

（二）语用学理论在日语教学中的应用——以日语翻译教学为例

1. 语境与翻译

语境，作为语言使用的环境，是言语交际中至关重要的组成部分，它深刻影响着话语意义的生成与理解。在翻译活动中，语境的作用超越了字面意义、规则与理论，成为决定翻译质量的关键。翻译的本质在于跨越语言界限，传递信息与风格的同时，保留原文的文化韵味与作者意图。

语用翻译要求译者深入洞察语境，包括语言语境与非语言语境，通过关联性推理，捕捉并再现原文的精髓。这不仅涉及对语言形式的转换，更需考量文化差异、社会背

景及情感色彩，确保译文在目的语环境中自然贴切，信息传达精准无误。

在翻译实践中，无论是文学作品、专业文献还是日常对话，语境因素都会对内容的准确度产生重大影响。译者需具备高超的语用分析能力，能够识别并处理原语中隐含的语用意图，从而在目标语言中创造等效的交流效果。

因此，成功的翻译工作离不开对语境的细致考量，它要求译者不仅是语言的转换者，更是文化的桥梁，能够在多元语境中游刃有余，准确无误地传达信息，让不同语言背景的读者感受到原文的真正魅力。

2. 言语行为理论与翻译

在言语交际中，间接言语行为尤其依赖语境的理解，这一点在跨语言翻译中显得尤为突出。同一句话，在不同的场景下可能承载截然不同的意图，而在汉日两种语言间，相同的句式也可能表达迥异的言语行为。例如，日语中否定疑问句常被用于提出建议或发出邀请，这一表达方式背后隐藏着与字面意义不同的深层含义。

译者面临的挑战在于，不仅要解析原文的表面文字，更要透过语境挖掘说话人的真实意图。在翻译时，我们不能仅限于直译，而是要致力于传达言语行为的本质，确保译文在目的语环境中也能达到语用上的等效。例如，当原文中含蓄地表达"拒绝"时，译者需巧妙地在译文中再现这种婉转，以便目的语读者能同样感知到言外之意。

日本文化中，直接询问对方的需求被视为失礼，这要求翻译时必须深究原文背后的微妙意图，以确保译文忠实地反映作者的原意。在日语里，赞美尤其是下级对上级的赞扬，往往采取"受恩"与"感激"的措辞，表明语言的"礼貌"与语用意义上的"礼貌"并不总是一致。即使使用了敬语，若在特定场合下令听者感到不适，这种表达也会失去应有的礼貌感。

鉴于汉日语言在言语行为上的显著差异，对于初学者而言，这些细微差别可能难以察觉。因此，教师的角色至关重要，通过实例教学，帮助学生认识到这些语用差异，提醒他们在翻译时保持警觉，以免受母语思维定式的影响，导致语用上的误解或不当表达。

跨语言翻译不仅是文字的转换，更是语境、文化和语用意图的精准传递。掌握并灵活运用语境知识，是实现高质量翻译的关键。

3. 关联理论与翻译

在跨文化翻译中，针对不同情境和文化差异，译者需灵活运用多种翻译策略以确保原文意义的准确传达。以下是几种常见的翻译方法及其应用：

①直接翻译：当原语和目的语文化中存在相同或相似的文化意象时，直接翻译是最为直接有效的方法。中国古典文学在日本有广泛的读者基础，两国读者共享的文化背景使得直接翻译能够忠实再现原文的信息意图和交际意图。

②直接翻译添加注释：面对原文中的文化难点，译者可在直译的基础上附加注释，帮助读者克服理解障碍，丰富译文的内涵。

③直接翻译加修饰语：当同一文化意象在汉日认知语境中存在差异时，通过添加修饰语，译者可以调和文化差异，使译文更贴合目的语读者的语境假设。

④直接翻译增加隐含意义：利用百科知识，在译文中补充文化意象的隐含意义，以增强译文的完整性和深度。

⑤音译：对于无法直接翻译或直译会失去文化特色的词汇，采用音译策略，并辅以必要的注释，以保持原文的文化特质。

⑥直接翻译和间接翻译的合用：在处理典故或文化专有名词时，我们结合直接翻译和间接翻译，前者传达信息意图，后者补充交际意图，确保译文的全面性和准确性。

例如，"举人"一词直接翻译可能令日本读者困惑，因为缺乏相应的文化语境，此时，间接翻译可以补充相关信息，如解释为"通过科举考试的人才"，从而避免文化隔阂，完整传达作者意图。

在当今全球化的背景下，跨文化交流日益频繁，翻译作为沟通桥梁作用愈发重要。灵活运用上述翻译策略，能够有效克服文化差异，促进信息的准确传达，为跨文化交际活动提供坚实的支持。

（三）语用学理论对日语翻译教学的启示

1. 应提高学生的语用意识及语用能力

在日语翻译教学中，融入语用学原理对于提升学生的语用敏感度和翻译能力至关重要。我们的首要任务是强化学生对语境重要性的认知，鼓励他们从语境出发，深入分析原文中的字、词、句，理解其在特定交流场景中的意义与功能。基础日语教材中的许多例句，尽管简洁，却可能因缺乏上下文而使初学者感到困惑。教师应引导学生想象这些句子可能出现在何种对话中，双方人物的关系如何，以此为基础进行翻译，确保译文的准确性和自然度。

在教材编写时，除了丰富句型，我们还应明确指出各句型适用的语境，帮助学生建立起句型与语境之间的联系，使其在翻译实践中能够根据具体情况选择最合适的表达方式。翻译课堂上，分析语用失误的实例是提高学生语用意识的有效途径。通过讨论常见错误，学生能够直观地理解语用规则，学会辨别并避免类似的语用失误，逐步提高翻译的准确性和地道性。

语用学的融入不仅能够丰富学生的翻译技巧，还能培养他们对语言细微差别的敏锐洞察力，促进其跨文化交际能力的提升。在日语翻译教学中，注重语境分析，关注语用细节，将极大助力学生掌握更精准、更自然的翻译表达，为今后的跨文化沟通奠定坚实的基础。

2. 应教授语用翻译策略

在翻译教学中，教师扮演着关键角色，不仅要传授语言知识，更要培养学生的语用意识与技能。教师应深入讲解不同语言形式的语用功能及其适用语境，结合具体案例，剖析语用翻译策略，以语用理论指导翻译实践。课堂之外，鼓励学生接触日语电影、电视剧、动漫及文学作品，这些媒介不仅能够丰富语言素材，还能加深学生对日本文化的理解，进而提升语用敏感度。

教师需着重强调汉日语言在词汇表达上的语用差异，教导学生在翻译时既要考虑文化背景，又要灵活运用目标语言的语用策略，实现信息的准确传达。通过实例分析，向学生展示寻找关联的过程实质上是信息推理与整合的环节，帮助他们理解翻译不仅仅是字面意义的转换，更是一种跨文化沟通的艺术。

对于初学者而言，增减词语是翻译中的一大难题。从语用学角度阐明增减词语的合理性和必要性，这样可以增强学生在翻译时的信心，使译文更加流畅自然。同时，随着时代变迁，语言也在不断进化，教师应引导学生保持语言敏感度，关注语言文化的新趋势，确保翻译作品与时俱进，贴合当代语境。

翻译教学的核心在于帮助学生理解原文的深层语用含义，包括言外之意，以及如何恰当地在目标语言中重现这些含义。教师应通过多方位的教学策略，激发学生的语用思维，培养其跨文化交际能力，为学生在翻译道路上铺设坚实的理论与实践基础。

第四节　元认知理论在日语教学中的应用

一、元认知理论概述

（一）元认知概念的界定

元认知是认知主体对自身心理状态、能力、认知目标、认知策略方面的认知，也就是对认知的认知。

（二）元认知理论的结构

元认知理论由三部分构成，即元认知知识、元认知体验和元认知监控。它们之间是互相作用、密不可分的。

1. 元认知知识

元认知知识是个人对自己认知过程的理解与意识，涵盖了影响个人认知活动的各种因素及相互作用方式。它主要包括三个方面：

①关于认知主体的知识：这部分知识涉及个人对自己作为认知加工者的特性的认识。

个体内差异的认识：个体对其自身兴趣、能力、学习风格及在特定领域的能力边界有清晰的认识，了解自己在哪些方面较为擅长。

个体间差异的认识：认识到他人在认知能力上的特点和优势，以及自己与他人的差异。

不同个体间的认知相似性：通过观察他人和自我反省，理解人类认知的基本规律，比如认识到人类理解能力存在层级。

②关于认知材料和任务的知识：主体对认知材料的性质、顺序、熟悉度、逻辑特点及主观感受方式的认识，以及对不同认知任务目标和要求的理解。

③关于认知策略的知识：这是指个体在执行认知任务时对可用策略的理解，包括策略的种类、优缺点及如何有效运用策略。认知策略是提高认知效率的关键工具，涉及目标设定、信息处理、记忆策略等多种技巧。

这三方面的知识共同构成了个体的元认知知识结构，是元认知理论的基石。元认知知识使个体能够监控和调节自己的认知过程，从而优化学习和解决问题的策略。通过增强元认知知识，个体可以更好地理解自己的学习习惯、识别学习障碍、选择适当的学习方法，并有效地评估自己的学习进展，最终促进自我效能感和学习成果的提升。

2. 元认知体验

元认知体验指的是个体在进行认知活动时所经历的情感和认知感受，这些体验可以是意识层面的，也可以是潜意识的。它们既包括个体对自己认知状态的清晰认识，如对文章结构的把握，也包括对某些知识的模糊或无知感，如对特定概念的不解。元认知体验的范围广泛，可以从简单的直觉反应到复杂的心理过程，持续时间也各异，可能只是瞬间的顿悟，也可能是长时间的困扰。

在认知活动的不同阶段，元认知体验也呈现出阶段性特征：

初级阶段：体验通常与任务的熟悉度、难度及完成任务的信心有关。

中期阶段：主要体验到的是当前工作的进展状况，以及面临的挑战或障碍。

后期阶段：关注点在于目标的达成与否，以及对整个认知过程效率的反思。

情感体验在认知活动中扮演着重要角色，如面临失败时的焦虑、预感成功时的喜悦，或是从过往成败中汲取的经验和教训，这些情感反应进一步丰富了元认知体验的内涵。特别地，在那些需要高度自我调控和策略性思考的任务中，元认知体验尤为显著，因为这类任务要求个体在事前做好计划，事中调整策略，事后进行反思，整个过程充满了对自我认知过程的深度体验。

元认知体验之所以是元认知理论的驱动力，是因为它反映了个体对自己认知活动的监控和调节能力，以及对自我认知状态的情感反应。通过培养和利用元认知体验，个体可以更有效地管理自己的学习和思考过程，促进自我成长和认知能力的提升。

3. 元认知监控

元认知监控主要包括以下四个方面。

（1）制订计划

制订计划即根据认知活动的目的要求，在一项认知活动开始之前构思各种可能解决问题的方法，并预估其有效性，选择最有效的策略，制订最合理的计划。

（2）执行控制

执行控制即根据活动目标计划，在认知活动进行的实际过程中，严格及时地监视、评价和反馈认知活动进行的各种情况，一旦发现认知活动中存在不足，我们就及时修正并调整认知策略。

（3）检查结果

检查结果即根据有效性目的标准来评价各种认知行动、策略的达成效果，根据认知目标评价认知活动的完成结果，正确估计自己达到认知目标的程度和水平，总结这个认知活动中的经验教训。

（4）采取补救措施

在认知活动中，元认知知识、元认知体验和元认知监控三者紧密相连，共同构成一个开放而动态的自我调节系统，旨在提升个体的认知效能和自我意识。元认知知识为个体提供了关于认知过程的框架和策略，指导其在认知活动中进行有效的监控和调节。元认知体验则反映了个体在认知过程中的情感和认知感受，为个体提供了对自身认知状态的即时反馈。而元认知监控则是这一自我调节系统的操作机制，它允许个体在认知活动中实时监测进程，评估效果，并根据需要调整策略。

元认知知识为个体在认知活动中的元认知监控提供理论基础，帮助个体理解认知过程，选择合适的方法和策略。同时，元认知体验与元认知知识相辅相成，个体的体验受其知识影响，反过来，这些体验又可以转化为新的知识，丰富个体的元认知知识库。元认知体验对元认知监控产生动力性影响，激励个体更加积极地监控和调整认知策略。

元认知监控不仅依赖元认知知识，还通过持续的检验和修正，促进元认知知识的完善，使个体的认知策略更加成熟。在认知活动中，元认知监控与元认知体验相互作用，监控过程中的每一步都可能引发特定的元认知体验，反之亦然。

将元认知理论应用于翻译教学中，意味着教师在传授翻译技巧和理论的同时，应注重培养学生的元认知能力，教会他们如何从语境角度理解原文，如何调动已有的词汇、语法和文化知识，以及如何寻找和建立文本间的关联，灵活运用语用翻译方法，以实现语用等效。通过实际的翻译练习和教师的指导，学生可以逐步培养语用翻译意识，提升翻译质量和跨文化交际能力。

元认知理论在翻译教学中的应用，强调了教师在引导学生掌握翻译技巧和理论的同时，促进学生元认知能力的发展，使其能够更加自主、高效地进行翻译活动，实现从语用学角度理解并翻译原文的目标。

（三）元认知的培养

元认知的培养包括以下几个方面。

1. 要完善元认知知识

为了促进学生元认知知识的完善，教育者可以采取以下策略：

①强化自我认知意识：教师应引导学生探索和理解自己的认知风格和学习偏好，通过个性化的学习方法实验，帮助学生认识到什么类型的学习策略最适合他们，从而提高学习效率。这可能包括视觉、听觉或动手操作的学习方式，以及偏好早晨或晚上学习等个人倾向。

②培养对学习任务的认知：学生应被鼓励理解任务的性质、特点及完成任务的要求。这包括评估任务的难度、所需的时间和资源，以及确定优先级。通过这样的训练，学生可以更有效地规划学习时间，集中注意力于最关键的任务上，从而提高学习成果。

③提升认知策略的运用能力：教师应教授学生广泛的认知策略，包括但不限于记

忆技巧、信息处理方法、问题解决策略等。学生需要了解每种策略的适用范围、如何实施及在何种情况下应用最有效。掌握这些策略后，学生能够将它们灵活地应用于不同的学习情境中，促进知识的习得和迁移，最终实现学习目标。

通过上述途径，学生不仅可以增强自我调节学习的能力，还能够提高学习的自主性和有效性。元认知知识的完善使学生能够更加自信地面对学习挑战，合理安排学习计划，选择最适合自己的学习方法，从而在学术和个人发展中取得更大成就。

2. 丰富元认知体验

确实，元认知体验在学习过程中扮演着至关重要的角色，它不仅影响学生设定任务目标的方式，还促进元认知知识的深化和元认知策略的发展。教师在教学设计中融入丰富多样的情境，可以激发学生的元认知体验，进而增强其学习动机和效果。

以下是一些策略，教师可以采用来丰富学生的元认知体验：

①情境式学习：设计贴近现实生活的学习情境，让学生在解决实际问题的过程中体验学习的挑战和乐趣。例如，通过角色扮演、案例研究或模拟项目，学生在实践中学以致用，同时反思自己的学习策略和认知过程。

②反思日记：鼓励学生撰写学习日记，记录每天的学习心得、遇到的困难、使用的策略及解决问题的感悟。这有助于学生内省自己的学习过程，积累元认知体验，并从中提炼出有效的学习策略。

③同伴评价与合作学习：通过小组讨论、同伴互评等活动，学生可以在与他人交流中反思自己的学习方法，了解不同视角下的认知策略，从而丰富自身的元认知体验。这种互动还能提升批判性思维和解决问题的能力。

④目标设定与自我监控：引导学生设定具体的学习目标，并定期自我评估目标的达成情况。这不仅有助于学生明确学习方向，还能培养其自我监控和调整学习策略的能力，从而增强元认知体验。

⑤情绪管理和动机激发：教师应关注学生的情绪状态，通过正面激励和鼓励，帮助学生建立积极的学习心态。当学生面对挑战时，教师应提供支持和指导，帮助他们克服困难，体验成功的喜悦，从而增强学习的动力和信心。

通过这些策略，教师可以为学生创造一种充满元认知体验的学习环境，让学生在实际情境中探索、实践、反思，进而促进其元认知能力的发展，提高学习效果和学术成就。

3. 提高元认知监控能力

确实，元认知监控能力的提升对于学生的学习成效至关重要。它不仅涉及学生内部的自我反馈机制，同时也依赖外部环境的支持和引导。良好的学习环境和积极的教学氛围可以促进学生元认知监控能力的发展，具体表现在以下几个方面：

①提供反馈机制：教师和同学的反馈是外部环境中的重要组成部分，它们可以为学生提供关于学习进展、策略使用和目标达成情况的客观信息。这种反馈有助于学生调整学习计划，优化学习策略，从而提高学习效率。

②创设反思机会：定期安排反思活动，如学习日志、讨论会或一对一辅导，鼓励

学生回顾自己的学习过程，识别学习中的强项和弱点，以及思考如何改进。这有助于学生建立内部反馈循环，增强自我监控和自我调节能力。

③培养自主学习技能：通过教授时间管理、目标设定、自我评估等技能，学生建立独立的学习习惯，这能够促进他们对自己的学习过程进行有效的监控和调整。

④鼓励同伴互助：在合作学习中，学生可以互相提供反馈，分享学习策略，这种同伴之间的交流可以增强学生对学习过程的元认知监控，同时促进知识的迁移和深化。

⑤促进知识迁移：知识迁移是指将某一情境下习得的技能或知识应用于新的情境中。教师可以通过设计跨学科项目、解决实际问题的任务或案例研究等方式，鼓励学生将所学知识应用于不同的场景，这不仅能够提升学生的元认知水平，还能增强其解决问题的能力。

通过营造一种支持性、反思性和协作性的学习环境，教师可以有效地提升学生的元认知监控能力，帮助他们成为更加自主和高效的学习者。同时，通过鼓励知识迁移，学生能够将学习成果应用于更广泛的情境中，实现学习的深度和广度的双重提升。

二、元认知理论在日语教学中的应用——以日语初级听力教学为例

（一）元认知理论在日语初级听力教学中的指导意义

元认知理论在日语初级听力教学中的应用，强调了学生自我意识和自我控制在语言学习过程中的核心作用。这一理论认为，学习不仅仅是被动吸收知识，更重要的是主动选择、监控和调整学习策略，以达到最优的学习效果。听力，作为语言学习中的一个重要组成部分，其实质是积极地从输入信息中筛选、解码和重构意义，这一过程需要学习者的高度参与和自我调控。

在日语初级听力教学中，元认知理论的指导意义主要体现在以下几个方面：

1. 激发内在动力：教师应通过设置富有挑战性但又可达成的学习目标，激发学生的学习热情和内在动力，鼓励学生主动探索和学习。

2. 自主设定学习目标：引导学生根据自身学习需求和兴趣，设定具体、可衡量的听力学习目标，这有助于学生明确学习方向，增强学习的针对性。

3. 规划学习方案：教会学生如何合理安排学习时间，选择有效的学习材料和方法，设计适合自己的听力练习，这有助于学生建立系统的学习框架，提高学习效率。

4. 监控学习进度：培养学生定期自我检查和评估听力理解能力的习惯，通过自我监控，学生可以及时调整学习策略，确保学习目标的顺利实现。

5. 调整学习策略：鼓励学生在遇到困难时，灵活调整学习方法，如改变听力材料的难度、速度，或是寻求同伴和教师的帮助，这有助于学生克服学习障碍，持续进步。

6. 评价学习效果：引导学生通过自我评价和同伴评价，客观评估听力学习的成果，这有助于学生认识到自己的长处和不足，为后续学习提供反馈。

通过上述方法，元认知理论在日语初级听力教学中不仅能够提高学生的学习自主性和有效性，还能帮助学生形成良好的学习习惯，为后续的语言学习打下坚实的基础。

（二）教学流程设计

1. 课前计划与准备

课前准备是教学流程中的关键环节，尤其在听力教学中，周密的准备能极大地提升教学效果。在这一阶段，教师需要深入了解学生的听力水平、知识基础和学习策略，为课程设计提供精准的定位。通过对学生现有能力的评估，教师可以定制化地调整教学内容，确保课程既具有挑战性，又能被学生有效吸收。

教师在准备阶段还应深入分析课程材料和文化背景，将教学内容与学生的认知水平和知识结构相衔接。这样做不仅有助于学生更好地理解听力材料，还能激发他们的学习兴趣，引导学生根据自身情况设定具体的学习目标和行动计划。材料的选择需谨慎，太简单的材料可能缺乏挑战，让学生觉得无须使用策略；而过于复杂的材料则可能导致学生感到挫败，无法有效应用学习策略。

在课前准备中，教师还应考虑如下几个方面：

设定清晰的教学目标：确保每个听力练习都有明确的目标，无论是提高词汇量、理解复杂句子结构，还是掌握特定的文化习俗。

提供背景信息：在播放听力材料前，简要介绍相关背景知识，帮助学生预热，为理解材料做准备。

设计互动环节：规划课堂讨论、问答或小组活动，鼓励学生在听力后立即运用所学，加深印象。

制订反馈计划：准备如何收集学生反馈，无论是通过口头汇报、书面测试还是同伴评价，以评估学生的学习成果和调整教学策略。

通过细致的课前准备，教师可以为学生创造一种既富有挑战性又不失支持性的学习环境，促进学生主动参与，提升听力理解能力和语言学习的整体效果。

2. 过程指导与监控

在过程控制阶段，教师的角色从知识的直接传授者转变为学习过程的指导者和监控者。这一阶段不仅是教学实施的核心，也是教师评估学生学习成效的关键时刻。有效的过程控制不仅包括课堂提问，更重要的是，教师需要密切关注学生课前准备的执行情况，适时给予指导，确保学生能够按照既定的学习计划进行自我监控，自主推进学习进程。

学生在这一阶段承担起自我管理的责任，通过执行个人学习计划，不仅减轻了教师的课堂教学压力，还为教师提供了观察学生学习动态、评估学习效果的宝贵机会。教师可以根据学生的学习表现，进行差异化教学，针对不同学生的学习需求和能力，提供个性化的指导和支持。

在一年级日语听力教学中，教师的指导重点往往集中在帮助学生掌握一系列听力理解策略，包括：

语音识别：训练学生准确辨识日语发音，尤其是相似音节和语调变化。

选择注意力：教授学生如何在听力材料中筛选关键信息，忽略无关干扰。

词义猜测：鼓励学生根据上下文推测生词意义，减少对字典的依赖。

逻辑推理：引导学生运用逻辑思维，推断说话者的真实意图和未言明的信息。

图解速记：教授学生使用图形或符号记录听力信息，提高信息处理效率。

通过这些策略的培训，教师旨在帮助学生建立一套有效的听力理解方法，使学生在课外自学时也能高效地提升听力技能，从而实现学习的可持续性和自主性。在这一过程中，教师的适时介入和指导是确保学生掌握并熟练应用这些策略的关键。

3. 课后评估与调节

在教学流程的评价与反思阶段，学生对学习过程的自我评估是至关重要的环节，它直接反映了教学目标的实现程度和学习成效。这一阶段，教师的角色是引导学生进行深入的自我分析，评估是否达到了原先设定的学习目标，审查听力策略的运用是否得当，以及识别在本课学习中遇到的挑战和存在的不足。

学生准确的自我评价是教学模式成功的关键。过高估计自己的学习效果可能导致学生形成浮躁的学习态度，忽视深入学习的必要性；而自我评价过低则可能削弱学生的学习动力，影响其自信心和后续学习的积极性。因此，教师需要密切关注学生的自我评价，确保其既不过于乐观也不过于悲观，引导学生建立合理、客观的自我认知。

为了帮助学生进行有效的自我评价，教师可以采取以下措施：

设立明确的评价标准：提前告知学生评价的具体指标，如听力理解的准确性、策略运用的合理性、学习目标的达成度等，让学生有明确的参照。

提供反馈模板：设计反馈表格或问题清单，帮助学生结构化地反思学习过程，涵盖目标设定、策略执行、难点分析、收获总结等各个方面。

鼓励同伴评价：组织学生之间的相互评价，通过同伴的视角发现自己的盲点，同时学习他人的优点和策略。

举行自我评价工作坊：定期举行工作坊，让学生分享自我评价的经验，讨论遇到的挑战，共同探讨解决方案，促进学生之间的学习交流。

通过上述方法，教师可以协助学生建立健康的自我评价机制，确保学生能够客观、全面地评估自己的学习成果，为下一阶段的学习制定更加合理的目标和计划，从而持续提升学习效果和自我调节能力。

（三）教学实施细节及问题分析

1. 撰写"听力日记"，辅助学习

在日语听力教学中，实施有效的课后管理和整体把控对于巩固课堂所学、提升学生听力技能至关重要。为此，教师应鼓励学生每日至少投入30分钟进行听力练习，并倡导学生养成撰写"听力日记"的习惯，以记录和反思每日的学习过程。

"听力日记"应包含以下几方面内容：

目标完成度：学生需对照当日设定的学习目标，评估自己在听力练习中达成目标的程度。

遇到的问题：详细记录在练习中遇到的具体困难，包括听不懂的词汇、不理解的语境或语法点等。

薄弱环节：识别个人在听力理解上的薄弱点，如对某些发音敏感度不足、对特定话题的背景知识欠缺等。

个人想法与改进措施：基于上述分析，学生应提出个人对听力练习的看法，以及针对薄弱环节制定的改进策略。

通过"听力日记"，学生不仅能够系统地追踪自己的学习进度，还能在反思中不断提高自我调节能力。教师则可通过审阅学生的"听力日记"，了解每位学生的学习状况，包括学习习惯、难点所在及进步情况，从而进行个性化指导，调整教学策略，确保教学活动与学生的需求和能力相匹配。

此外，教师还可以定期组织班级分享会，让学生交流"听力日记"中的亮点和挑战，促进同伴学习，增强学习社区的凝聚力。这种互动不仅能激发学生的学习动力，还能帮助他们从他人经验中学习，共同进步。通过这一系列的课后管理和整体把控措施，教师能够有效地监督学生的学习过程，确保每位学生都能在听力技能上取得显著提升。

2. 激发学生的学习兴趣

在日语学习初期，尤其是听力训练阶段，学生往往会遇到诸如语速快、语音现象复杂等问题，产生胆怯和紧张情绪。针对这一情况，教师的首要任务是营造一种轻松愉快的学习环境，帮助学生克服心理障碍，激发学习兴趣。

尊重学生的认知发展规律，理解并接纳他们初学时的困惑和挫折感，是消除负面情绪的关键。教师可以通过以下策略来帮助学生平稳过渡：

营造轻松氛围：创造一个无压力的学习空间，鼓励学生表达自己的感受和困惑，让学生明白犯错是学习过程的一部分，无须过度担心。

选择兴趣导向的材料：让学生选择自己感兴趣的主题进行听力练习，如动画、音乐、文化节目等，这样可以提高学生的学习动力，使听力练习变得更有乐趣。

设定合理目标：初期目标不应过高，我们可以先从听准发音和识别已学词汇开始，逐步提升难度。这样可以增强学生的成就感，减少挫败感。

采用渐进式教学：从慢速、清晰的材料开始，逐渐过渡到正常语速和更复杂的语音现象。教师可以使用专门的听力训练材料，或者调整播放速度，让学生逐渐适应。

3. 鼓励同伴学习

组织学生进行小组听力练习，通过同伴之间的交流和帮助，共同攻克难关，增加学习的互动性和趣味性。

提供正面反馈：教师应给予学生积极的反馈，认可他们的努力和进步，即便是微小的进步也值得表扬，这有助于增强学生的自信心。

通过上述策略，教师不仅能够帮助学生克服对日语听力的恐惧，还能激发他们的学习热情，使他们在轻松愉快的氛围中逐步提高听力技能，为后续的学习打下坚实的基础。

4. 督促语言知识的积累

在基础听力训练阶段，培养学生形成有效的自我管理能力（即元认知意识）及调动他们的主动学习意愿至关重要。为了实现这一点，教师需要采取一系列措施来引导学生，并确保他们能够积极参与到学习过程中，同时监控学习成果。以下是具体实施步骤：

（1）课前准备与资料下发

教师应该在课程开始前，提前整理好即将涉及的生词、句型、相关背景知识及听力训练的重点，并把这些资料发给学生。这样做可以让学生有充分的时间预习，了解即将到来的学习内容，从而做好心理和知识上的准备。

（2）个性化学习计划

鼓励学生基于自身水平和目标制订合理的学习计划，包括每日或每周的学习目标、重点复习的领域及需要额外练习的难点。教师可以提供指导，帮助学生设定可实现的目标，避免计划过于理想化而难以执行。

（3）调整学习进度

允许学生根据个人掌握情况灵活调整学习进度，对于掌握较快的学生，我们可以提供更高级别的材料；而对于需要更多时间消化的学生，我们则给予更多的支持和时间。

（4）随堂小测验

定期进行随堂小考，检查学生是否按照计划进行了跟读练习，以及他们对新学内容的掌握程度。这不仅可以激励学生保持学习的连续性和有效性，还可以让教师及时了解学生的学习状况，以便适时调整教学策略。

（5）培养良好习惯

持续的监督和正面反馈，帮助学生养成定期复习、主动探索和独立解决问题的良好学习习惯。当学生看到自己的进步时，他们会更加自信，进而形成正向循环，提高学习效率。

（6）促进自主学习

强调学习的自主性，鼓励学生利用课外资源，如在线课程、听力软件、语言交换伙伴等，拓展学习渠道，丰富听力素材，提高语言运用能力。

通过这些方法，教师不仅能够有效地监控学生的学习情况，还能促进学生形成良好的学习态度和习惯，为长期的语言学习奠定坚实的基础。

5. 指导听力策略

在实际教学中引导学生，我们要让自己习惯听不清、听不全、听不懂，消除学生的完美主义心理。

学生要做的是能够有目的地在语流中提取自己需要的关键信息，根据语境、语音、语调、语气和上下文的逻辑关系等，对所听到的内容大意进行推测，而教师则要培养学生掌握这种策略和灵活运用这种策略的能力。

（四）教学效果评价

1. 课程目标设定

根据教学大纲和学生的学习需求，设定的课程目标聚焦于全面提升学生的日语听力技能，具体目标如下：

敏锐的听觉辨别力：学生应能精确识别日语中的清音、浊音、促音、拗音、长音及多音节组合等声音符号，掌握语音弱化、无声化的规律，并理解常见的语音变化现象，以增强学生对日语语音的敏感度和辨识能力。

语流中的词汇识别：培养学生在连续语流中识别单词、区分同音词和同义词的能力，提高其在实际对话中快速定位关键词汇的效率。

听解策略与逻辑推理：在情境对话中，学生应能运用上下文的逻辑关系和语境线索，推断未听清或不熟悉的词汇及短语的意义，提升在缺乏完整信息时的理解能力。

关键信息捕捉与理解：学生需具备迅速抓住会话重点、提炼关键信息的能力，确保对整段对话主题和内容的理解度不低于70%，强化对整体语篇结构的把握。

速记与概括复述：训练学生以快速而准确的方式记录听到的内容概要，培养即时概括和复述所听话题的能力，提升信息处理和口头表达的效率。

日语思维与表达习惯：进行听力训练，促使学生逐步形成用日语进行思考和表达的习惯，提升语言的流利度和自然度，为更高级别的语言运用打下坚实基础。

这些目标旨在系统地提升学生的听力技能，从语音识别到语义理解，再到信息处理与表达，全方位覆盖了听力学习的关键环节，为学生构建坚实的语言基础，促进其在日语学习旅程中的持续进步。

2. 考试题型设计

在考试题型的设计上，我们充分考虑到学生群体的整体需求与个体差异，试题涵盖了从基础到综合的多个层面，旨在全面评估学生的日语听力技能。具体题型包括：

假名识别：考查学生对日语假名的识别能力，包括平假名、片假名及拗音等。

听写单词：检验学生对词汇的听辨和拼写能力，确保对基础词汇的准确掌握。

短对话理解：通过日常对话场景，考查学生在实际语境中理解对话内容的能力。

长对话分析：要求学生在较长的对话中捕捉关键信息，理解对话脉络，提升综合理解力。

提取关键信息填空：测试学生快速筛选并记录重要信息的能力，强化信息处理技巧。

原文填空：评估学生对听力材料的记忆与复现能力，考察其对原文细节的把握。

概括并回答问题：要求学生对听力材料进行总结，并根据理解回答问题，检验综合分析和语言表达能力。

听写句子：检验学生对连续语句的理解和书写能力，确保对语法结构和句子成分的掌握。

元认知理论指导下的日语初级听力教学模式，旨在通过培养学生的元认知意识，提升其自主学习和自我监控的能力，从而促进听力技能的全面提升。为了确保这一模式的有效性，教学实践中我们还需加强课后管理和日常监督，建立健全的教学效果评价体系，以持续优化教学策略，确保学生能够系统地提升日语听力水平，以及在听、说、读、写等多方面的综合应用能力。

通过不断完善课后管理和监督机制，以及建立多维度的教学效果评价体系，我们可以确保元认知理论在日语初级听力教学中的应用更加系统化和精细化，为学生提供更加全面、个性化的学习支持，促进其在日语学习道路上的稳步前进。

第三章

文化视角下的日语听力、口语与写作教学

第一节　文化视角下的日语听力教学

一、日语听力教学的原则与方法

（一）日语听力教学的原则

1. 听前教学原则

（1）相关性教学原则

在日语听力教学中，教师通过遵循相关性原则，精心设计与新听力篇章紧密相连的活动，可以有效激发学生的学习兴趣，同时唤醒他们大脑中存储的相关背景知识。以下是一些具体策略：

观看相关视频：选取与即将学习的听力篇章主题相关的视频片段，让学生在视觉和听觉的双重刺激下，对即将涉及的内容有初步的感性认识。视频内容应尽可能生动有趣，以吸引学生的注意力。

小组讨论：组织学生以小组形式讨论视频内容，通过同伴之间的交流，激发学生的思维活跃度，同时增强团队合作精神。讨论中，学生可以分享各自的观点，提出疑问，共同探索话题的深度和广度。

图片展示：结合屏幕播放与听力篇章相关的图片，将语言描述具象化，帮助学生将抽象的概念与具体的视觉形象联系起来，加深对篇章内容的理解。图片的选择应直观且具有代表性，能够辅助学生构建场景，增强记忆力。

背景知识激活：在讨论和图片展示的过程中，教师应引导学生回忆和分享自己与主题相关的已有知识，无论是个人经验、文化常识还是先前学过的日语知识点。这种知识的激活有助于学生在新旧知识之间建立联系，为后续的听力理解奠定基础。

通过上述活动，教师不仅能够激发学生的学习动机，还能确保学生在正式进入听力篇章学习之前，已经做好了充分的准备，提高了听力材料的可理解性。这种以学生

为中心的教学设计，能够促进学生主动参与，提高学习效率，同时培养他们的批判性思维和团队协作能力。

（2）简化原则

在听前教学环节中，教师还要遵循简化原则，即尽可能使新的日语听力篇章更容易理解。

在日语听力教学中，为克服听力理解的障碍，提高学生对新篇章的接受能力，教师应重点关注以下三个方面：

词汇学习与应用：学生往往低估了词汇学习在听力课程中的重要性。实际上，大量陌生词汇会显著增加听力理解的难度，延长大脑处理信息的时间，导致听者感到吃力甚至放弃。因此，词汇学习应包括熟悉单词发音和快速构建其语义的能力。教师应利用篇章中的短语和句型，帮助学生在具体语境下掌握生词的用法和含义，使学生在听到生词时能够迅速反应，减少解码时间，保持听力过程的连贯性。

背景知识与专业术语的预备：专业术语和特定领域的背景知识是听力理解的另一大挑战。如果学生对这些术语或知识一无所知，而它们又在篇章中扮演着关键角色，那么理解篇章几乎是不可能的。教师应提前介绍相关的背景知识和专业术语，甚至将其作为常识储备在学生的知识库中，确保学生在听篇章时能够跟上节奏，理解核心概念。

篇章内容的预测：在开始听力练习前，教师应引导学生通过快速浏览题目、选项和相关提示，对篇章内容进行预测。这有助于学生捕捉篇章的主要事件和关键词，实现有目的的听，提高信息处理的效率。通过熟悉题目和选项，学生可以预先准备，对与题目相关的信息做出迅速反应，从而提高听力理解的准确性和速度。

结合上述三点，教师可以有效降低新日语文章听力理解的难度，为学生提供足够的支持，激发他们持续学习的动力，最终提升听力技能和语言综合运用能力。通过有策略的预备工作，学生能够更加自信地面对听力挑战，享受学习过程，提高学习成效。

2. 听中环节教学原则

基于听前环节的准备，学生可以有的放矢地进入篇章的听力理解环节。如何使学生对听力材料从输入到吸收直至反馈环节，教师应遵循以下教学原则。

（1）明确化原则

确实，听力课堂教学的经验显示，如果没有明确的听力目标，学生在进行听力理解时往往会感到迷茫，尤其是在材料播放一两次后，仍然难以抓住要点。这主要是因为学生的注意力缺乏明确的方向，要么随意漂移，要么试图理解每一个细节，但因难度过大而过早放弃。

为了避免这些问题，教师在播放听力材料前，应该清晰地设定听力任务，让学生明白他们需要关注什么，以及为何而听。基于任务的听力理解策略能够帮助学生集中注意力，提高听力效率。以下是一些设定听力任务的建议：

设定具体目标：在播放材料前，教师应明确告诉学生他们需要听什么，比如寻找特定信息、理解主要观点、捕捉关键词汇等。具体目标有助于学生有目的地倾听，而不是盲目地听。

分层次设定任务：听力任务可以分为不同层次，从简单的细节捕捉到复杂的推理分析。教师可以先设定较低层次的任务，如识别时间、地点、人物等基本信息，然后逐步提升到理解对话意图、推断说话者态度等较高层次的任务。

提供预览材料：在播放听力材料前，教师可以提供一些预览材料，如问题列表、关键词汇或背景信息，帮助学生预热，为理解材料做准备。

适时暂停与反馈：在播放过程中，教师可以适时暂停，让学生分享他们听到的信息，或对某些部分进行解释和讨论。这不仅能够检查学生的理解程度，还能鼓励学生积极参与，提高听力的互动性。

鼓励笔记记录：鼓励学生在听的过程中做笔记，标记关键词或信息点，这有助于他们整理思路，同时在听完后进行回顾和总结。

通过设定明确的听力任务，教师可以帮助学生调整听力策略，提高听力理解的质量和效率。基于任务的听力理解不仅能够让学生更加专注，还能提升他们的问题解决能力和批判性思维能力。

（2）层次化原则

为了有效提升学生的听力技能，听力任务的设计应该遵循由简至繁的原则，确保学生能够在不断成功的基础上逐渐挑战更难的任务。以下是整合后的听力教学策略：

①层次分明的任务设计：

开始时，任务应侧重于整体理解，比如听取一段录音后，询问学生关于主要内容的问题。

随着学生能力的提升，引入更细致的理解任务，例如识别特定细节或理解对话中的隐含意思。

最终阶段的任务可以涉及批判性思维，要求学生分析说话者的观点、意图或语气。

②适时的停顿与信息解码：

在播放听力材料时，尤其是在出现复杂句式或关键信息处，给予学生停顿时间来处理信息。

教师应教授学生如何快速识别句子的主要成分，简化长句结构，以便更高效地理解和记忆。

③体裁意识的培养：

不同体裁（如新闻报道、故事讲述、学术讲座）有不同的语言特点和结构模式。

培养学生对体裁特征的认识，可以帮助他们更快地适应不同类型的听力材料，抓住核心信息。

④促进互动听力：

鼓励学生间的交流与讨论，特别是在遇到难以理解的部分时，可以相互解释和补充。

互动不仅能够增强听力理解，还能促进语言的自然使用和学习者的自信心。

通过上述策略，教师可以创造一种支持性的学习环境，使学生在听力技能的提升过程中保持动力和兴趣。

3. 听后环节的教学原则

听力材料的播放结束并不代表学生整个听力过程的结束，还有重要的听后环节。

（1）反思性教学原则

在听力教学中融入反思性教学原则，教师需密切关注课堂动态，通过深度观察、互动及课后反馈，洞悉教学成效与潜在局限，为后续课程优化提供实证依据。同时，培养学生形成自我反思的习惯至关重要，鼓励他们撰写反思日志，记录并分析听力学习过程中的挑战与收获。具体而言，学生应着重回顾以下几点：

问题识别：明确当前听力课程中遇到的具体难题与障碍。

能力评估：客观评价个人听力理解水平及独立完成任务的能力。

依赖性分析：审视在听力理解过程中对教师指导和同伴协助的依赖程度。

策略运用：评估听力策略的运用效率，考量是否促进了语言应用能力的提升。

未来规划：思考未来听力学习中需强化的方向，制订有针对性的学习计划。

通过持续的反思实践，不仅教师能精进教学策略，学生也能逐步成长为自主且高效的学习者，共同推动听力技能的深化与拓展。这种双向反思机制是听力教学中不可或缺的一环，它促使教与学的过程更加系统化和具有目标导向。

（2）善于引导学生的原则

将元认知策略贯穿于听力学习的全过程，教师扮演着至关重要的角色。这不仅涉及听后环节，还覆盖了听力学习的准备、执行和评估各个阶段。具体来说，教师应引导学生：

设定目标与计划：帮助学生确立清晰、具体且可达成的听力学习目标，并规划实现这些目标的步骤和时间表。

自我监控：教导学生如何在听力过程中主动监测自己的理解状态，识别难点，调整策略，必要时寻求帮助或资源。

全面评价：鼓励学生定期回顾听力学习的进展，自我评估听力技巧的提升，以及目标达成情况，同时反思哪些策略有效，哪些需要改进。

自我管理：培养学生的责任感和自律性，使他们能够独立管理学习时间和资源，合理安排复习和练习，最终使听力学习成为一种自觉的、主动的学习行为。

通过上述措施，教师不仅能促进学生听力技能的提升，还能推动他们在日语学习的其他领域展现更高的自主性和效能。元认知策略的运用，不仅加深了学生对听力材料的理解，也增强了他们解决问题和独立学习的能力，为终身学习打下坚实的基础。

（二）日语听力教学的方法

1. 任务型教学法

（1）任务型教学法的设计原则

设计听力教学活动时，我们应遵循一系列原则以确保教学的有效性和学生参与度。以下是融合上述原则的综合指导：

①真实性原则：采用源于现实世界的材料和情境，模拟真实交流场景，让学生在贴近生活的环境中学习，确保所学语言能在实际中应用。

②形式与功能原则：结合语言形式和功能，让学生不仅理解语法和词汇，还能在特定语境中恰当地使用语言，强调语言的实用性和情境适应性。

③连贯性原则：构建由浅入深、环环相扣的任务序列，每一项任务既是独立的，又与前后任务相连接，形成逻辑链条，逐步推进学习目标。

④趣味性原则：设计吸引人的活动，激发学生的好奇心和学习热情，避免枯燥的机械训练，通过互动和游戏化学习增加参与感。

⑤可操作性原则：确保任务设计简单明了，易于执行，避免过度复杂的流程，为学生提供清晰的操作指南或模板，便于理解和执行。

⑥实用性原则：聚焦于学生实际沟通需求，创造机会让学生在课堂上进行互动和交流，利用有限资源最大化地提升语言实践能力，实现教学目标。

综合应用这些原则，教师能够创造出既贴近学生生活又富有教育意义的听力课堂，促进学生主动参与，提升语言技能的同时，享受学习过程。

(2) 任务型听力教学的任务设计和实施

①材料选择。

听力教学的核心目标在于培养学生的实际语言交际能力，为此，教师应当精心挑选多样化且贴近现实生活的语言材料，营造真实交流环境。这不仅增加了学生的语言实践机会，还通过引入他们感兴趣的视听素材，如日语歌曲、电影、电视剧和广播节目，提供了自然、地道的语言学习资源。这些材料涵盖了丰富的语调、语速和口音，能够让学生在生动的语言场景中沉浸式学习，符合第二语言教学中推崇的"自然途径"。

在设计听力任务时，教师应考虑学生的年龄特征和个人兴趣，选择能激发学生好奇心的话题，组织多参与、多维度交流的活动。通过小组讨论、角色扮演等形式，鼓励学生积极参与，促进人际沟通和情感交流，进而全面提升他们的语言综合运用能力。这样的教学策略不仅提升了听力理解力，还增强了学生的社交技能和文化感知，为他们在现实世界中运用日语进行有效沟通奠定了坚实基础。

②任务设计。

"任务型教学"在日语听力课堂中的应用实质上是通过构建对话性的互动情境，让学生在完成任务的过程中自然而然地习得语言。不同于传统的听力"练习"，其核心在于设计具有真实交际意义的任务，而非仅限于理解层面的问答。真正的"任务"具备多重属性：它们不仅服务于教学目标，同时拥有自身的非教学目的；产生的结果往往是非语言性质的；具有开放性和多元化的完成路径；以及强调人际间的互动与合作。

在具体实施时，听力任务的设计可以围绕以下几个类型展开：

回答问题型：明确"听"的目的，通过提问引导学生聆听并思考，既可以是师生间的互动，也可以是学生之间的对话或小组讨论，以此加深理解和记忆。

身体反应型：鼓励学生通过肢体动作、表情变化等方式对听力材料作出直接反应，如选择对应的图片、排序事件流程、模拟场景布置等，使听力过程更加直观和生动。

转化信息型：要求学生将听到的信息转化为其他形式，比如填写表格、绘制思维导图或流程图，这有助于锻炼信息处理和组织的能力。

重组和评价信息型：鼓励学生在听完材料后，用自己的话复述主要内容，并对其进行个人评价，可以是口头表达、角色扮演、书面评论等形式，旨在提升批判性思维和创造性表达。

通过上述任务型教学法，学生能够在更接近真实交际的情境下练习听力，增强语言的实际应用能力，同时也促进了团队协作和跨文化交流技巧的发展。

（3）教学实施

①任务前阶段导入并介绍话题。

在日语听力课堂中，教师启动教学活动时，首先应采用导入策略激发学生兴趣和好奇心，例如运用图片导入法来视觉化主题，悬念导入法设置认知冲突，复习导入法巩固旧知，或讨论导入法促进思维碰撞。利用多媒体资源呈现与即将开展的听力任务相关的图像和文本，同时简明扼要地概述话题和学习目标，确保学生对即将进行的学习活动有初步的认识。

其次，教师需激活学生的语言储备，通过词汇学习活动或游戏，尤其是那些将在后续任务链中扮演重要角色的词汇和短语。这一环节旨在让学生在轻松的氛围中预热，通过语言练习熟悉即将遇到的语言点，但应控制时间，避免喧宾夺主，影响到主要听力任务的开展。

最后，教师应教授日语听力学习的策略和技巧，比如如何结合精听与泛听提高理解能力，使用预测法培养主动聆听的习惯，借助联想与语境词汇记忆法增强词汇掌握，以及通过小组讨论与合作学习法提升交流效率。这些技巧的传授不仅能够帮助学生更有效地完成听力任务，还能促进其自主学习能力和团队协作精神的培养。

整个导入流程的设计应当紧凑而富有层次，确保学生从兴趣激发到语言准备再到策略掌握，逐步进入最佳的学习状态，为接下来的听力任务打下坚实的基础。

②任务实施阶段提出目标。

在日语听力课堂中，教师精心设计并布置各项听力任务，这些任务不仅围绕一个中心主题，还被细分为适合不同学习层次的子任务和小任务，确保每个任务都具有逻辑连贯性、明确的目的及实施的可行性。任务的实施阶段，学生根据教师的指导，做好语言和技能的准备，随后在规定时间内，以个人或小组形式聆听材料并完成指定任务。

接下来的任务转化阶段，重点转向提升学生的日语语言应用技能。教师可以通过多种创新方式引导，例如情景互动式教学，将学习置于具体任务情境中，设计开放式、探究性活动，鼓励学生进行模拟对话和角色扮演，促进口语与听力的相互促进。此外，抛锚式教学和案例教学也被用于帮助学生在解决实际问题的过程中深化语言理解。分层次教学策略则考虑到学生的个体差异，通过分组和开放性问题的设计，让每位学生都能在适合自己的水平上发展听力技能。

在任务汇报环节，学生有机会展示自己的学习成果，无论是个人还是小组，都可以分享他们对任务的理解和解决方案，为全班同学提供新的视角和信息。教师随后进行任务分析，对学生的完成情况进行点评，注意在学生口语表达中出现的错误时采取恰当的纠错策略，必要时提供指导和支持，同时激励学生继续积极参与听说交际。

整个过程旨在通过有层次的任务设计、多样化的教学方法和充分的展示与反馈，促进学生日语听力能力的全面提升，同时培养他们的自主学习意识和团队协作精神。

③课外作业项目化、新颖化。

为了增强日语听力教学的效果，我们可以采取小组合作学习的方法，具体步骤如下：

小组组建：将全班学生平均分成 3 到 4 人的小组，这样可以确保每个人都有参与的机会，同时小组规模适中，便于管理。

听力材料分配：每周给每个小组分配一段听力内容，这些材料可以选自 NHK 国际网站、富士电视台或日语综合视频网站等，确保内容丰富多样，贴近学生兴趣。

任务执行：鼓励小组成员通过合作学习的方式，共同聆听和分析听力材料，我们可以设立一些任务，如概括主要内容、识别关键词汇、分析对话结构或情感表达等，以促进深入理解。

成果汇报：安排小组向全班汇报他们的学习成果，可以是口头复述、对话再现、PPT 展示或其他形式，这样既能展示小组合作的成果，也能让其他同学从中受益。

组织讨论：汇报后，组织全班进行讨论，鼓励提问和分享观点，促进学生之间的交流和思维碰撞，进一步加深对听力材料的理解。

课外延伸：设计不定期的听力作业，鼓励学生利用课余时间，自主探索多媒体资源，如复述感兴趣的话题、模仿影视配音等，这不仅能够提升听力技能，还能增加学习的乐趣和主动性。

通过小组合作和多媒体资源的利用，学生不仅能在实践中提升日语听力能力，还能培养团队协作、自主学习和跨文化交际的能力，为今后的语言学习和应用打下坚实的基础。

④评价方式过程化、层次化。

为了促进日语听力学习的全面发展，教师应转变传统的以考试成绩为中心的评价体系，转而采用更加全面和动态的形成性评价方式，关注学生在学习过程中的进步和努力，而不是仅仅看重最终的考试结果。具体评价策略如下：

第一，课堂学习评价。

实施统一的听力口语测试作为阶段性评估，但更重要的是进行过程性评价。

使用观察法，详细记录学生在课堂上的表现，包括参与度、注意力集中程度、互动情况等。

引入学生自评机制，鼓励学生反思自己的学习过程和成效。

进行小组互评，通过同伴评价促进学生之间的相互学习和反馈。

教师评价要基于日常观察和学生作业，提供具体和建设性的反馈。

第二，课外学习评价。

以过程性评价为重点，鼓励学生自我评价，包括对听力材料的选择、学习计划的执行情况及自我反思。

小组评价可以促进团队合作，学生可以互相评价听力练习的质量和效率。

建立个人学习档案袋，收集学生的学习资料、作业、反思日记等，作为评价的一部分。

对学习过程进行量化管理，比如记录听力练习的频率、听力材料的多样性及学生对信息的反应速度。

采用多维度评价方式，结合听写、翻译、模仿等多种练习，全面考察学生的听力技能。

通过这种全面的形成性评价体系，教师能够更准确地了解学生在日语听力学习中的强项和弱点，及时提供个性化的指导和支持，帮助学生建立自信，提高学习效率，同时也培养了学生的自我评价和自我调节能力，为终身学习奠定基础。

2. 提示型教学法

提示型教学法是提高学生日语听力预测能力的有效手段，通过在听力活动前提供背景知识和线索，帮助学生构建对即将听到内容的心理预期，从而提升理解力和信息处理效率。以下是具体实施步骤：

①展示相关材料：在播放录音之前，教师先向学生展示与听力材料内容相关的图片、视频或文字材料，这些材料可以是听力场景的预览，或是关键概念的简介，帮助学生建立起听力材料的基本框架和背景知识。

②初次播放录音：播放录音材料一次，要求学生集中注意力，尝试捕捉关键词汇和重要信息点，鼓励他们做简要笔记，记录下自己听到的内容。

③小组讨论与推测：将学生分成 3 到 5 人的小组，让每个成员分享自己听到的信息片段，小组成员之间相互补充，基于已有的信息和上下文进行推测，尝试统合出完整的故事情节或对话要点。

④小组代表发言：从每个小组中选出一名代表，概述小组的推测结果和对录音内容的理解，这不仅锻炼了学生的口语表达能力，也为全班提供了多样化的解读视角。

通过这种教学法，学生在正式聆听录音前就对内容有了初步的了解和预期，这有助于他们在听的过程中更主动地筛选和整合信息，提升听力理解的准确性和深度。同时，小组讨论和代表发言的形式促进了学生的互动交流，增强了团队合作和批判性思维能力。长期坚持这种方法，学生将逐渐培养出更强的预测和推理能力，从而在日语听力学习中取得更大的进步。

提示型教学法在日语听力教学中的应用，主要基于两大特征：一是利用学生现有的知识基础，二是培养学生的预测和推测能力。具体而言：

A. 活化既有知识：在播放音频或视频材料前，教师通过提供说明性的文字、图片等辅助材料，帮助学生激活与听力材料相关的背景知识。这种做法能够让学生在听解过程中，迅速联想到相关概念，从而更好地理解材料内容，提高听力理解的效率和深度。

B. 小组推测与预测：将学生听到的不完整信息进行小组汇总，鼓励学生基于这些信息进行预测和推测，这种集体讨论的方式不仅能够锻炼学生的推测能力，还能在轻松愉快的氛围中培养他们对文章整体结构的把握能力，逐步养成由总至分的分析习惯。

提示型教学法的目标是训练学生运用整体到局部的分析策略，因此提供的事前提示应当是能够帮助学生构建文章框架的系统知识。研究显示，经过大约七次课程训练后，学生能够开始根据上下文推测未知词汇和短语的意义，随着训练的深入，他们对文章主旨的把握和分析能力也将显著提升。

此外，提示型教学法还能够激发学生的学习动力和自信心。学生从被动的听音者转变为积极的预测者，这种角色转换促使他们对听力学习采取更为主动和积极的态度，进而增强听力技能，无论是应对考试还是日常生活中的交流，都能展现出更好的听力水平。这种教学方法不仅提升了学生的听解能力，还培养了他们面对挑战的勇气和解决问题的能力，为终身学习奠定了坚实的基础。

二、基于文化视角的日语听力教学

（一）高校日语听力教学的现状

我国的日语教学经历了从侧重阅读、翻译和写作到全面涵盖听、说、读、写、译的转变，尤其在初级阶段加强了听说训练，力求平衡语言技能的培养。听力教学改革的一个关键点在于，不仅仅是让学生被动地听，而是要通过教学方法的创新，培养学生的听力策略运用能力，这是听力课程的核心目标之一。

初级日语听力教材通常由会话和听力两部分构成，旨在通过日常对话和语音练习，同步提升学生的听力和口语技能。然而，即便是最基础的会话也包含了发音难点、基础语法和口语表达，这对于刚入门、尚不熟悉五十音图的学生而言构成了不小的挑战。学生往往难以理解对话内容，更不用说进行模仿练习，这直接影响了他们的学习兴趣和参与度。

为了改善这一状况，教师常常不得不在听力课上花费大量时间解释词汇和语法，这实际上将听力课变成了精读课，偏离了听力教学的初衷，即培养学生的即时理解和反应能力。鉴于此，听力教学的改革变得尤为迫切。

目前在听力教学中存在的问题有以下几点。

1. 听力课开设的时间不合理

听力课程设置在一年级第一学期，初衷是为了配合精读课程中语音阶段的学习，旨在通过反复聆听假名、汉字读音（包括音读与训读）、句子语调、重音、数字、时间、电话号码、钱数及与人名、地名相关的外来语，帮助学生从音声角度巩固精读课程中学到的假名知识，发挥辅助教学的作用。然而，这种安排也带来了与精读课程重复教学的问题，因为精读课程本身也包含语音阶段的练习，导致学生在两门课程中接受相似内容的重复训练。

加之，对于零起点的学生而言，由于缺乏必要的词汇、语法和句型积累，听力材料的内容相对单一，长时间听同样类型的语言材料容易引起学生的厌烦情绪，进而削弱听力课程的教学效果。考虑到以上因素，尽管在一年级第一学期开设听力课在理论上是可行的，但从实际教学效果和资源利用的角度来看，这种做法未必是最优选择。

因此，听力课程的设置和教学内容应更加灵活和多样化，避免与精读课程重复，同时根据学生的语言水平和兴趣，引入更广泛的主题和语言点，以提高学生的学习兴趣和听力技能的实用性。此外，教师可以考虑将听力课程的开设时间后移至学生已经积累了一定的词汇和语法基础之后，这样能够更有效地提升学生的听力理解能力和跨文化交际能力。

2. 统一模式的教学挫伤了学生学习的积极性

它超出了学生的现有水平，如单词量过大、语言表达偏向口语化，这对于初学者而言无疑增加了学习负担，使得他们难以跟上，更谈不上有效模仿和练习。

目前的听力教材结构通常分为会话和听力两大部分，其中会话部分往往包含了超越假名学习阶段的内容，如常用词汇和初级语法，这对零起点的学生构成了较高的门槛。教师在教学过程中，受限于传统教学观念和教材限制，往往局限于教材内容，缺乏对教材的灵活运用和拓展，未能充分结合学生的兴趣和需求，也没有有效引入与日本文化和日语学习相关的丰富课外信息。

此外，将听力教材的学习等同于听力水平提升的做法，忽略了听力技能培养的多样性和实践性，导致教学形式单调，学生容易感到乏味和挫败，久而久之，学习兴趣和动力会逐渐消退。

（二）文化视角下的日语听力教学策略

1. 运用语用学知识加强文化背景知识的介绍

语言不仅是交流的工具，更是文化的载体，深入学习一门语言必然伴随着对该语言背后文化的理解。在学习日语的过程中，仅仅掌握语音、语法和词汇是远远不够的，学生还需深入了解日本的文化背景，包括文学、艺术、历史、生活方式和习俗等，因为这些文化元素深刻影响着语言的使用和理解。

高效率的听力理解要求听者不仅理解字面意思，还能洞察言语背后的深层含义。缺乏对日语国家文化特征的了解，可能会导致学生对某些表达的误读，只停留在字面上的理解，容易产生"望文生义"的偏差。因此，语用学的研究，即在特定情境下理解语言的使用和意义，这对于提高听力理解能力至关重要。

以下是两个关键点，旨在加强文化素养，提升听力理解能力：

（1）加强词汇的文化内涵传授：词汇承载着文化意义，同样的词在不同文化背景下可能有着截然不同的含义。例如，"手纸"在中文和日文中分别指的是信件和卫生纸，不了解这一点容易造成沟通障碍。因此，教师教学中应强调词汇的文化内涵，帮助学生理解词汇在特定文化语境下的真正含义。

（2）注意语用的文化差异分辨：理解说话人的意图往往比理解语言表面意思更重要。日语中很多表达在字面意思之外还蕴含着丰富的语用信息，如"寒权元"（在冷的时候说的一句话，可以是打招呼，也可以是提醒关窗）和"今日はいろいろとありがとうこざいました"（除了字面的感谢，还暗含了告辞的意愿）。这类似于汉语中的"听话听声，锣鼓听音"，强调理解言语背后的真正意图。

听力能力的提升需要对语言有高度的敏感性，而这种敏感性源自对语言的深刻理解和熟练运用，包括跨文化的理解和运用。在日语教学中，有意识地培养学生的日语思维能力，跨越文化差异，学生能够在听力理解中反应更加敏捷，迅速而准确地把握说话者的意图，从而达到提高听力水平的目的。通过这样的教学，学生不仅能学到地道的日语，还能在实际交际中流畅自如地运用，实现语言学习的根本目标。

2. 挖掘文化交际的多种认知渠道

学生在听力教学中应全方位、多层次地接触不同层面的日语，以适应听力课快节奏、高效率的特点。要避免学生因被动学习而产生的焦虑情绪，教师可以通过引导学生参与语言实践，如听日语歌曲、看日语原声电影等，来增强视觉感受和诱发听音兴趣。在听力训练中，学生应从整体上把握对话主旨，并带着具体问题去感受日本文化的内涵，以加深对不同文化背景和风俗习惯的理解，提高学习效率。此外，通过模仿日语母语者的非语言技巧，如从影视作品、书本中学习日本人的说话习惯和交流方式，这样可以提高学习者的兴趣，减少听力理解的障碍和失误。

3. 运用比较法引导学生发现文化差异

文化差异确实对学生理解不同语言中的课文结构和句子构成有着深远的影响。在教育环境中，教师扮演着至关重要的角色，他们需要从文化的角度出发，通过分析和比较，帮助学生识别和理解这些差异。以下是一些策略，可以促进学生的跨文化交际能力的发展：

文化视角的引入：教师应该在课程设计中融入文化视角，讲解不同文化背景下的语言使用习惯、表达方式及社会习俗。例如，在教授日语时，教师可以介绍日本的社会等级观念如何影响语言的尊敬形式。

对比分析：通过将学生的母语与目标语言（如日语）进行结构和文化上的对比，教师可以帮助学生更直观地理解两者之间的差异。这种对比不仅限于语法和词汇层面，也包括非言语沟通和社交规范。

实例教学：提供跨文化交际中常见的语用失误案例，让学生了解在不同文化背景下可能发生的误解或冲突。例如，直接和间接交流风格的差异可能导致信息传递的不准确。

培养文化敏感性：鼓励学生发展对多元文化的尊重和理解，意识到自己的文化偏见，并学会从他人的角度思考问题。这有助于他们在跨文化交流中更加灵活和包容。

互动式学习：通过小组讨论、角色扮演和文化交流活动，学生亲身体验不同的文化情境，增强他们的实践能力和跨文化交际技巧。

反馈与反思：定期给予学生反馈，帮助他们认识到自己在跨文化交际中的进步和挑战。同时，鼓励学生反思自己的学习过程，思考如何改进跨文化沟通的策略。

通过上述方法，教师能够有效地促进学生跨文化交际能力的提升，使他们成为更具全球视野的沟通者。

第二节　文化视角下的日语口语教学

一、日语口语教学的原则与方法

（一）日语口语教学的原则

1. 鼓励原则

提高学生的交际日语能力，确实是一个需要时间和持续努力的过程，关键在于创造一种积极的语言环境，鼓励学生积极参与口语练习。以下是几个具体的教学策略，旨在有效提升学生的日语口语水平：

在精读课程中，教师应当设计环节，要求学生围绕课文主题展开讨论，分享个人见解。这样做不仅能强化学生的口语表达，还能深化他们对文本的理解，培养批判性思维和独立思考的能力。

将传统的"听力课"转变为"听说结合"的课堂模式，让学生在听完材料后有机会即时反馈，对所听内容进行评论或提问，以此增加口语输出的机会，同时提升听力理解和反应速度。

鼓励学生参与多样化的日语课外活动，比如组织日语角、辩论比赛、朗诵会、游戏和角色扮演等，这些活动不仅能够激发学生的学习兴趣，还提供了丰富的口语实践场景，促使学生从被动学习转向主动参与。

教师在纠正学生口语错误时应采取恰当策略，避免过度批评导致学生失去信心，重点应放在那些严重影响沟通效果的错误上，而对于不影响理解的小错，则应更多采用正面激励的方式，鼓励学生勇敢开口，逐步克服语言障碍。

当学生在表达过程中遇到困难时，教师应适时介入，提供必要的指导和支持，帮助学生顺利完成表达，避免因挫败感而放弃口语练习。

通过实施这些策略，教师能够构建一种支持性的学习环境，激发学生的口语潜能，最终实现交际日语能力的有效提升。

2. 与实际生活相关原则

在交际日语教学中，设计贴近实际生活的交际情景是提升学生口语能力的有效途径。教师可以巧妙地利用日常生活中的各种场景，如中日饮食文化的对比，来激发学生的学习兴趣和参与度。例如，通过让学生使用所学的日语词汇描述并对比中日美食，学生不仅能巩固词汇知识，还能在真实语境中练习口语表达，使学习过程既实用又充满趣味。

在情景练习中，教师应特别强调句型的多样性，鼓励学生尝试使用不同的表达方式。单一句型的反复使用会限制学生的语言创造力，不利于口语能力的全面发展。通过变换句型，学生可以在实践中学习如何灵活运用语言，提高语言的流利性和自然度。

此外，情景教学还可以延伸至其他生活领域，如购物、旅行、节日庆祝等，让学生在模拟的真实情境中运用日语进行交流，这样不仅能够增强学生的语言应用能力，还能加深他们对日本文化的理解，促进跨文化交际技能的培养。这种方法让学习不再局限于课本，而是融入学生的日常生活中，使他们意识到日语不仅是学术研究的对象，更是连接不同文化、拓展国际视野的桥梁。

3. 坚持日语教学原则

面对有限的交际日语教学时间，教师应充分利用每一刻，坚持使用日语进行授课，以最大化学生与日语的接触。这不仅能够培养学生的日语视听、口语、阅读和写作技能，还有助于形成用日语思考的习惯，这对于提高学生的日语综合能力至关重要。

即便班级内学生的日语水平参差不齐，教师也不应妥协于使用汉语授课，而应采取适当的策略确保所有学生都能跟上教学节奏。初期，教师可以使用简单、基础的日语教学用语。随着学生听力水平的逐步提升，教师可以逐渐引入更复杂的课堂指示语，以促进学生口语表达的丰富性和准确性。

在全程使用日语授课的过程中，教师需密切关注学生的反应，判断他们是否能理解课堂内容。对于特别难以理解的部分，适度使用汉语解释是可以接受的，但必须控制在最小范围内，以防学生过度依赖母语，影响日语学习效果。通过这样的教学方式，学生将逐渐适应全日语环境，提高语言运用的自信和能力。

坚持全日语授课，辅以适量的母语，是提升学生日语口语能力的有效策略。这要求教师在教学中保持灵活性，根据学生实际情况调整教学难度，同时鼓励学生积极参与，不断实践，从而在有限的教学时间内达到最佳的学习效果。

（二）日语口语教学的方法

1. 日语语法教学应用于日语口语教学

日语是当下较为火热的教学科目，是学生全面提高语言交际能力的必学语种。为了提高学生的日语口语交流能力，教师利用语法教学提高了学生的日语学习兴趣。

（1）日语语法的特点

语法的性质我们可以从其抽象性、稳定性和民族性这三个核心方面进行深入探讨：

①抽象性（概括性）

语法本质上是规则的集合，这些规则从无数具体且多样的句子中提炼而出，具有高度的抽象性和概括性。尽管个体语言实例繁多、各不相同，但构成词、词组和句子的结构规律却相对有限且固定。以日语为例，其语法体系展示了这种从具体到抽象的归纳过程，反映了语言结构背后的普遍原则。

②稳定性

语法与基本词汇共同构成了语言的基石，拥有显著的稳定性特征。虽然语言总体上处在不断演化中，但与词汇和语音的快速变迁相比，语法的变化要缓慢得多。语法的稳定性与其抽象性紧密相连——作为一套由抽象规则组成的系统，许多语法机制和范畴历经多年仍保持相对不变，如同日语长久以来维持的主宾谓（SOV）语序类型。

③民族性

每种语言都承载着独特的民族特色，这不仅体现在语音和词汇层面，语法同样烙印着民族文化的痕迹。语言的民族性只有在与其他语言的对比中才能显现。日语语法的民族特性突出表现为形态学的丰富性，即通过特定的形态标记来表达语法意义和功能，体现了日语明显的有标性，这是其区别于其他语言的重要特征之一。

语法的抽象性使其能够覆盖广泛的语言现象；稳定性保证了语言使用者在长时间跨度内的沟通连贯性；而民族性则赋予每种语言独一无二的个性，反映了各自文化的独特视角和思维方式。

（2）语法教学的作用

在当今社会，日语作为一种重要的外语，在教育和职场中的地位日益凸显。为了提升学生的日语口语及交际能力，深化他们对日语知识的掌握，教育工作者正积极探索语法教学的新方法，以期打破传统单一的教学模式，激发学生的学习热情，实现教学效果的最优化。

语法教学被视为日语学习的基石，它不仅有助于学生理解日语句子的构造，还能促进对语句成分的深入认知，从而提升翻译能力。良好的语法基础使学生能够超越简单的词汇记忆，更全面地把握句子的含义，而非仅凭孤立的单词来推测文章主旨。

然而，从实际应用角度看，运用语法理解句子结构和单词意义对初学者而言颇具挑战。这要求学生不仅要掌握扎实的语法知识，还需将其灵活运用于句子分析中。在教学实践中，教师常发现，即便学生已掌握了文章中的所有单词，仅凭词汇量其仍难以准确流畅地翻译句子或文章，这反映出学生对句子成分和语法结构理解的不足。

因此，为了培养学生的日语翻译和理解能力，教师的首要任务是加强语法教学，确保学生能够熟练掌握语法规则，理解句子的内在逻辑。学生只有建立起稳固的语法框架，才能更好地解析和记忆文章内容，进而提高日语口语表达的流利度和精准度。这不仅对在校学习有益，也将为其未来的职业生涯和个人发展奠定坚实的语言基础。通过深化语法教学，学生能够更好地运用日语，展现自我价值，无论是在学术研究、文化交流还是国际商务领域，都能游刃有余地应对各种情境。

（3）日语语法教学在口语中的应用

①在日语口语单词及句子的教学积累中，增加语法教学。

日语语法教学在口语教学中展现出其独特的价值，为学生搭建起语言表达的框架，促进了口语能力的提升。为了增强学生的日语口语交流能力，教师需先夯实学生的词汇和句型基础，这是口语教学的根基。通过扩充词汇量和熟悉句型结构，学生能够更自如地组织语言，提高语言表达的流畅性和准确性。

将语法教学融入口语教学中，关键在于将单词与句子结构紧密结合，让学生理解如何运用特定的词汇和语法规则构建出连贯、通顺的句子。这一步骤是口语训练的基石，学生一旦掌握了这一技能，就能在口语交流中更加自信，表达也更为得体。

在实施语法教学时，创设一种积极互动的教学环境至关重要。鉴于语法学习可能带来的挑战，教师需要创新教学方法，吸引学生的兴趣和参与度。通过增加师生互动和学生间的合作学习，我们不仅可以激发学生的学习动力，还能营造一种支持性和鼓励性的学习氛围。设定明确的教学目标，并根据每个学生的学习进度和能力进行个性化指导，特别是对于学习进展较慢的学生，给予更多的耐心和支持，确保每位学生都能在适合自己的节奏下取得进步。

通过上述策略，教师能够最大限度地发挥语法教学在口语教学中的作用，这不仅提升了学生的日语口语能力，还促进了学生的全面发展，帮助他们实现自我价值，为未来的学术和职业生涯打下坚实的语言基础。

②在日语口语交流过程中，利用语法教学，提高学生的理解度。

在完成了基础的日语词汇和句子结构教学之后，教师接下来的任务是推动学生的口语交流能力提升。这一阶段，教师应充分利用多媒体和音频资源，引导学生模仿标准的日语发音，同时关注句子和文章的语法构造及其词汇组成。通过多媒体展示和声音示范，学生能够更直观地学习到正确的发音技巧，同时也能加深对语法结构的理解。

在学生掌握了句子和文章的基本意思之后，教师应进一步引导学生深入分析文章的语法特征。这不仅涉及对句子结构的识别，还包括对语法功能和规则的应用。通过小组讨论或全班公开讨论的形式，学生可以共享他们的发现，增强对语法知识的记忆，同时在交流中提升口语表达的流利度和准确性。

为了最大化语法口语教学的效果，教师可以鼓励学生基于已学知识，自行构建新的日语句子或短文。完成创作后，学生在课堂上朗读这些作品，师生共同分析其中的语法运用，找出亮点和改进空间。对于语法运用得当的句子或文章，教师可以安排学生进行角色扮演式的对话练习，这不仅增强了口语交流的实践机会，也使学生在具体情境中检验和巩固了语法知识。

通过上述综合教学法，学生不仅能够有效提升日语口语能力，还能在实践中加深对语法的理解，达到日语学习的双重目标。这种方法为学生今后的日语学习奠定了坚实的基础，为他们提供了在各种场合下自信运用日语的能力，无论是学术研究、文化交流还是职业发展，他们都将受益匪浅。

2. 配音与角色扮演

（1）配音

配音活动作为提升语言技能的创意教学策略，其灵活性和互动性为学生提供了丰富的实践机会。教师可以先播放一段有声的电影或电视片段，让学生沉浸于真实场景的语言环境中。在观看的同时，教师应适时解释关键的词汇和语法点，帮助学生理解对话背后的含义与文化背景。随后，教师重复播放片段，强化学生对台词的记忆。

接下来，教师将原声关闭，挑战学生根据记忆重现对话的能力。这一步骤不仅考验学生的听力理解力，还锻炼了他们的即时口语表达能力。学生需准确捕捉角色的情感、语气及节奏，从而更加自然地模拟对白。

此外，教师还可以采用更为创新的方式，即播放无声的电影或电视片段，让学生自由发挥，为画面配音。这种方式极大地激发了学生的创造力，促使他们在没有既定台词的约束下，根据情节发展构思对话。这种自由度更高的练习，能显著提高学生的口语流畅性和反应速度，同时培养他们的情境理解和即兴表达能力。

整体而言，配音活动结合了听、说、创三个层面的学习，不仅能有效提升学生的语言技能，还能增强其团队合作精神和自信心，在轻松愉快的氛围中实现语言教学的目标。

（2）角色扮演

角色扮演作为情境教学的核心策略之一，深受学生欢迎，它通过构建生动具体的社会场景，让学生置身于特定的角色中进行互动，从而大大提升了口语教学的吸引力和效果。教师可以精心设计各种贴近生活实际或富有想象空间的情境，如餐厅点餐、机场问询、医生问诊等，使学生在模拟真实交流的过程中，自然而然地运用目标语言。

这一教学法能够有效减轻学生对口语表达的焦虑感，因为角色赋予的安全感让语言错误变得不那么重要，重点在于沟通意图的传达。通过角色扮演，学生不再局限于课本上的机械式练习，而是能够在多元化的社会角色中灵活转换，体验不同身份下的语言运用，比如扮演顾客、服务员、医生或患者等，这不仅增加了语言实践的丰富性和趣味性，也促进了学生对语境敏感度的培养，提高了他们在复杂交际环境中的适应能力和口语流利度。

角色扮演教学法通过创造性的实践，让学生在身临其境的模拟中习得语言，这不仅增强了口语教学的实效性，更激发了学生的学习兴趣和主动性，是提升语言综合运用能力的有效途径。

3. 协作式教学法

（1）协作式教学方法概述

协作式教学模式根植于建构主义学习理论，该理论强调学习是一个主动的、社会性的建构过程，其中"情境""协作""会话"和"意义建构"被认为是学习环境的四大核心要素。建构主义理论认为，学习者在建构自身认知结构的过程中扮演着主动角色，通过与他人合作和交流，共同探索和解决问题，从而促进深度学习和知识的深层次理解。

应用于日语口语教学中，建构主义理论倡导以学生为中心的教学方法，鼓励学生在教师的引导和支持下，通过同伴间的协作和会话，主动参与到语言学习的过程中。这种教学模式强调课堂内外的任务导向，将学生置于真实的语言使用情境中，通过完成一系列与实际生活紧密相关的任务，促进学生在实践中学习和应用日语。

在协作式日语口语课堂上，学生被鼓励与同伴合作，共同完成语言学习任务，如角色扮演、小组讨论、项目制作等，这些活动不仅增进了学生之间的互动和沟通，也促进了语言意义的建构。通过这种模式，学生能在有意义的交际情境中自然地运用日语，从而提高口语表达的流利度和准确度。

总而言之，协作式日语口语教学模式旨在创造一种支持性的学习环境，使学生能够在真实的社会互动中建构语言知识，发展跨文化交际能力，最终实现语言学习的深层目标。这种模式充分体现了以学生为中心的教学理念，强调通过协作和会话来促进学习者的主动参与和意义建构，这是提升日语口语教学质量和效果的有效策略。

（2）协作式日语口语课堂教学模式的应用

在培养学生的跨文化交际能力时，协作式口语教学模式发挥了重要作用。这种模式以教师精心设计的真实任务为基础，鼓励学生在小组中相互合作，共同探索和解决语言学习中的问题。通过协作，学生能够更好地理解语言背后的文化内涵，提高跨文化交际的敏感性和有效性。

具体到日语口语教学中，比如探讨"依赖"的表达，教师可以按照以下步骤设计和实施协作式教学：

①引导与目标设定：在课程开始时，教师需向学生传达语言学习的本质是人际交流和沟通，强调协作的重要性。每个学生需设定个人学习目标，明确自己的学习方向和期望成果。教师的角色是引导和支持，而非单纯的信息传递者。同时，学生要学会利用网络、图书馆等资源，自主寻找学习材料。

②小组组建与环境布置：学生根据寝室或座位邻近原则自然形成学习小组，小组成员可以定期轮换，以促进更广泛的交流和合作。教室布局调整为 U 形，便于小组成员面对面交流，增强互动性。

③任务设计与资源利用：教师根据教学目标设计与"依赖"表达相关的任务，如角色扮演、案例分析或小组讨论，要求学生在小组内分工合作，利用多种资源进行学习和准备。

④协作学习：小组成员共同研究"依赖"的日语表达方式，包括词汇、语法结构和社会文化背景，通过讨论和练习加深理解。

⑤成果展示与评价：小组向全班展示学习成果，可以是对话演示、短剧表演或口头报告等形式，之后进行师生互评和学生自评，以反馈和改进学习过程。

⑥总结与反馈：教师和学生共同回顾学习过程，总结收获，为下一次任务做好准备，持续优化协作学习模式。

通过以上流程，协作式教学模式不仅提高了学生的口语表达能力，还培养了他们自主学习、团队合作和跨文化交际的能力，为学生在多元文化环境中有效沟通打下了坚实的基础。

二、基于文化视角的日语口语教学

（一）日语口语教学存在的问题

1. 缺乏交流环境

在中国，日语确实被视为一种小语种，其日常应用远不如英语广泛，这主要是因为中日两国虽然文化历史联系紧密，但在实际生活中，使用日语进行交流的机会相对较少。这一现状导致学习者在现实环境中很少有机会实践日语，尤其是口语部分，进而影响了他们学习的积极性和口语表达的自信度。

日语的语法结构，特别是主宾谓（SOV）的语序，与汉语和英语（SVO）大相径庭，这给初学者带来了不小的挑战，增加了开口说日语的难度。加之，缺乏真实交际情境的模拟，学生们往往难以找到运用日语的动力，课堂互动性也因此受限，师生之间的沟通往往变成单向输出，这对于提升学生的口语能力和交际技巧极为不利。

2. 重视程度不够

外语教学要培养交际型人才，口语课应该是一门重要的课程。但很多高校的外语课程设置都是以精读为主，口语为辅，口语课课时安排少。由于口语课课时分配少，学生练习口语的机会就少，这对学生用日语的交际能力和水平造成直接影响。

3. 两种教学方法的缺失

受应试教育体系的影响，中国传统的日语教学方式侧重于教师主导的知识灌输，强调词汇、句型、语法等语言要素的学习，以及机械性的跟读、模仿和背诵，这种方法在初学阶段有助于构建语言基础，但因其缺乏情境化和真实性的教学内容，学生往往能够书面表达却难以开口交流，忽视了外语学习的核心——交际能力的培养。

一些教师试图突破教材的局限，自行选择话题或即兴发挥，追求口语的自然与流畅，然而，这种做法往往缺乏明确的教学目标和系统性，导致教学内容零散无序，忽略了语言学习的内在规律，结果是课堂教学缺乏方向，学生收获有限，对提升口语能力帮助不大。

（二）文化视角下的日语口语教学策略

1. 在课堂上多使用日语进行教学

在日语教学过程中，不少教师倾向于使用母语解释新词汇、语法点及文章内容，初衷是为了确保学生理解的深度与准确性。然而，这种做法可能无意间强化了母语思维的依赖，削弱了学生直接用日语思考和表达的能力，因为每种语言都承载着独特的文化背景和表达习惯，过度依赖翻译难以捕捉到这些细微差别。

为了培养学生的日语思维，教师应尽量采用目标语言——日语来进行授课。尽管起初学生可能会感到困惑，尤其是在处理复杂句式时反应迟缓，甚至产生挫败感，但教师不应因此妥协。相反，教师可以借助重复关键信息、使用直观的手势、肢体语言和面部表情等方式，辅助理解，同时给予学生正面的鼓励，增强其自信。这样，学生将逐渐习惯于在日语环境中接收信息，促进大脑建立直接的日语思维路径，从而提高用日语进行有效沟通的能力。

这种方法不仅有助于学生克服语言转换障碍，还能加深对日语文化和思维方式的理解，最终实现更加地道、流利的日语表达。教师在实施这一策略时，还应适时引入文化背景知识，解释语言背后的社会习俗和价值观，使学习过程更加丰富多元，进一步激发学生的学习兴趣和积极性。

2. 创新教学手段，构建语言情境

教师可以充分利用多媒体技术、电子课件、实物展示等直观教学工具，构建逼真的日语文化交际场景，让学生仿佛置身于日本本土的语言环境中，亲身体验日语的使用和文化氛围。这种方法通过视觉、听觉等多重感官的综合刺激，不仅能增加学习的趣味性，还能加深学生对语言细节的记忆，促进其对日语语感的培养。

持续且大量的语言输入，比如播放日语电影片段、动画、新闻广播，或是展示日本的传统节日、饮食文化、社交礼仪等多媒体资料，可以潜移默化地影响学生的语言认知，帮助他们建立起直接用日语思维的习惯。这种沉浸式的教学方式，旨在减少母语的干扰，促使学生在遇到问题时首先想到用日语去解决，而非依赖翻译。

教师还可以设计一系列的交互式活动，如虚拟市场购物、餐厅点餐、旅行预订等，让学生在模拟的真实情境中运用日语进行交流，通过角色扮演、小组合作等形式，增加实践机会，锻炼即时应变能力和口语流利度。随着接触日语频率的增加，学生将逐渐习惯于用日语表达自己的想法，提高在不同场合下运用日语的能力，最终达到自然、流畅的日语口语水平。

多媒体和直观教学手段营造的沉浸式学习环境，配以大量语言实践，能够显著提升学生的日语语感和思维能力，为他们日后在各种情境下的日语交际奠定坚实的基础。

3. 听与说有机结合

听力作为语言学习的基石，承担着接收信息和理解语言结构的关键作用，它为口语表达铺设了道路。在日语教学中，听与说是相辅相成、不可分割的两个环节，它们共同构成了语言交流的闭环。教师应当采用听与说并重的教学策略，确保学生不仅能够准确理解日语，还能自信地使用日语进行交流。

在缺乏真实语言环境的课堂里，教师的角色尤为关键。他们应当成为日语的活生生典范，频繁使用流利而标准的日语进行授课，为学生创造一种沉浸式的听说环境。教师的模范发音和清晰表达能极大地激励学生，激发他们的学习热情。通过大量的听力练习，学生能够捕捉到日语的语音特征、语调变化及地道的表达方式，从而在模仿的基础上逐步形成正确的发音和语感。

同时，教师应着重于培养学生主动开口说日语的习惯，鼓励他们在课堂内外大胆尝试用日语表达。这包括设计丰富的口语互动活动，如角色扮演、对话练习、小组讨论等，这些活动能够提供实际应用语言的机会，让学生在实践中不断提高。教师的正面反馈和耐心指导，能够消除学生的语言障碍感，增强他们用日语沟通的信心。

将听与说紧密结合的日语口语教学法，通过教师的示范作用和积极促进学生参与，能够有效地提升学生的语言能力，使他们不仅能够理解日语，更能自如地运用日语进行交流，实现语言学习的真正目的。

4. 营造和谐的课堂氛围

在日语口语教学中，过分追求语言的精确性与规范性往往会适得其反，引发学生的恐惧与焦虑情绪，特别是在紧张且严肃的课堂环境下，这种心理负担可能导致学生为了避免犯错而选择沉默，形成恶性循环——越是害怕出错，就越不愿意开口，而缺乏实践恰恰阻碍了口语能力的提升。因此，教师必须扮演好课堂氛围的调节者的角色，致力于构建一个轻松、包容的口语训练空间。

为了打破这一僵局，教师应当采取灵活多样的教学策略，针对不同的学习内容设计相应的口语练习，如情境对话、角色扮演、即兴演讲等，旨在激发学生的参与热情，让口语训练变得生动有趣。同时，教师自身应当融入学生群体，展现出平易近人的态度，给予学生充分的信任与尊重，通过积极的情感互动和有效的沟通，营造出一种和谐、支持性的学习氛围。

在这样的环境中，学生会感到更加自在，愿意放下内心的戒备，勇于尝试用日语表达自己，即使偶尔出现错误，也能够视为学习过程中的正常现象，而非失败的标志。教师的鼓励与肯定，加上同伴间的相互支持，能够显著降低学生的紧张感，增强他们的自信心，从而促进口语技能的稳步增长。

简而言之，通过创造一种安全、鼓励探索与实践的课堂环境，教师能够有效消除学生的心理障碍，激发其口语学习的内在动力，进而实现口语交际能力的实质性提升。

5. 培养学生的自信心

在日语口语教学中，教师必须敏锐地意识到并尊重学生的个体差异，包括学业成绩的高低、性格的内敛或外向，以及个人兴趣和优势的多样性。这要求教师灵活调整教学策略，确保教学内容既对学生有挑战性又不会令人生畏，同时促进所有学生，无论其基础如何，都能在口语实践中找到自己的位置和价值。

精心设计小组活动，将不同水平和性格的学生混合编组，可以促进合作学习，让成绩优异的学生在帮助同伴的过程中巩固知识，而基础较弱的学生则能在伙伴的支持下克服自卑，勇敢开口。教师应敏锐捕捉每个学生的闪光点，无论是词汇量的积累、语法的正确运用还是表达的流利度，都应该给予公正的认可与赞赏。特别是对于那些通常较为沉默或成绩不突出的学生，他们的每一点进步都值得被放大和庆祝，因为这种正面反馈能有效激发其内在动机，增强自信心，促进语言能力的全面发展。

日语教师肩负着培养具备良好口语交际能力的应用型人才的重任，面对这一挑战，其必须将口语交际能力的提升置于教学的核心地位，不断创新教学方法，如引入多媒体资源、模拟真实情境对话、组织跨文化交流项目等，以激发学生的学习兴趣和实践欲望，唯有如此，学生方能在掌握语言知识的同时，锻炼出流利、准确的日语口语表达能力，从而在未来的社会竞争中脱颖而出，适应不断变化的社会需求，为自己赢得广阔的发展空间。

第三节　文化视角下的日语写作教学

一、日语写作教学的原则与方法

（一）日语写作教学的原则

1. 循序渐进原则

"冰冻三尺，非一日之寒"，日语写作能力的培养亦是如此，它需要一个由浅入深、由简到繁、由易到难的系统化过程，每一阶段都紧密相连，不可跨越。循序渐进不仅体现在语言结构的掌握上，即从构建单个句子起步，逐渐过渡到连贯段落，最终达到自如撰写完整篇章的境界；同时也反映在技能习得的梯度上，确保每一步训练都是建立在前一步坚实基础之上的。

在这一过程中，写作训练活动可细分为两类：获得技能性活动和使用技能性活动。前者着重于让学生洞察语言的组织逻辑，涉及的活动类型旨在揭示句子构成、段落衔接及篇章布局的基本规则，通过解析例文、识别句式结构、理解过渡词的作用等方式，帮助学生建立起清晰的语言架构意识。后者则是在前者基础上，鼓励学生将所学知识应用于实际写作，通过仿写、扩展写作、独立创作等实践，逐步提升语言运用的灵活性和准确性，最终实现写作能力的提升。

（1）抄写

抄写要求学生学到的语言材料，或者模仿这些材料重写，其重点在于拼写规则、标点符号、语法的一致等。

（2）简单写作

在日语写作教学中，灵活性训练与表达性写作是培养学生语言运用能力的两大核心环节，它们共同构成了使用技能性活动的框架。灵活性训练旨在深化学生对语言结构的理解，通过句型转换、合并句子、扩展句子和润色句子等练习，不仅巩固了语法知识，还提升了语言的灵活性和多样性，让学生学会根据不同语境变换表达方式，以适应更广泛的交际需求。

表达性写作则更进一步，要求学生在真实或模拟的情境下进行写作，如撰写信件、报告、日记或评论等，这些活动旨在模拟现实生活中的语言使用，促使学生将所学知识转化为实际沟通能力。通过这类练习，学生不仅要关注语法和词汇的正确性，还要考虑文章的连贯性、逻辑性和说服力，从而培养其在特定场合下创造性地运用语言的能力。

在安排这些活动时，教师应依据学生的实际水平和所处的学习阶段，量身定制训练计划。对于初级阶段的学生，可以从简单的句型转换开始，逐渐过渡到短文的写作；而对于高级阶段的学生，则可以引入更为复杂的主题和文体，如议论文、研究报告等，以挑战其更高层次的语言组织能力和表达技巧。通过这种由易到难、层层递进的方式，学生能够在教师的指导下，逐步提升日语写作的综合能力，最终实现从掌握语言规则到自如表达思想的飞跃。

2. 表达方式多样化原则

在日语写作教学中，采用多样化的表达方式是提升学生语言运用能力的关键策略。日语作为一种语义丰富、表达方式多样的语言，提供了众多句型结构供书写者选择，用以传达相同或相近的意义。通过探索并实践这些不同的句型，学生不仅能够弥补他们在语言知识上的欠缺，还能激发创造性思维，将被动学习的语法知识转化为灵活运用的技能。

例如，教授学生如何使用敬语、谦语及各种接续词、助词来调整语气和语境，教师可以让他们在写作中更加细腻地表达情感和态度。同时，教师鼓励学生尝试使用比喻、拟人等修辞手法，或者变换叙述视角，如从第三人称转换到第一人称，都能使文章更加生动有趣，展现作者的个性和风格。

更重要的是，这样的训练能够培养学生的语言敏感度，使他们学会根据写作目的、读者对象及文化背景等因素，选择最恰当的表达方式。这不仅是一项重要的写作技巧，也是跨文化交流中不可或缺的能力。通过不断的练习和教师的指导，学生将逐渐掌握日语的精髓，能够自如地运用丰富的语言资源，创造出既有深度又有美感的日语作品，最终实现从语言学习者到熟练使用者的转变。

3. 教学方法融合使用原则

结果教学法、过程教学法和体裁教学法作为日语写作教学中常见的三种方法，各自拥有独特的优势与局限性，反映了不同教学理念对语言学习效果的影响。

结果教学法侧重于最终产出的质量，强调语法的准确性与语言的规范性，易于操作且能够快速提升学生的写作技巧，减轻母语干扰，同时通过可见的成果增强学生的学习动力。然而，该方法往往忽视了写作过程中的创意与思考，过分关注句式结构而可能牺牲文章的思想深度与可读性，缺乏师生互动也可能限制学生的创新潜能。

相比之下，过程教学法更重视写作的过程，倡导学生积极参与，通过多次草稿修订，教师的反馈与指导，鼓励学生表达个人见解，提高文章的思想性和艺术性。这种方法有利于培养学生的批判性思维和创造力，促进师生间的有效沟通，推动写作技能向高层次发展。但其缺陷在于，若忽视语言基础，学生可能因频繁遭遇语言障碍而受挫，尤其在外语写作中，过高的自由度可能导致写作困难，影响教学成效，且对教师的专业素养提出了更高要求。

体裁教学法则着眼于文本类型，教导学生理解和运用不同体裁的特点与规则，旨在培养学生的社会交际能力与创造性思维。通过体裁学习，学生能够更好地适应各类写作场景，理解写作的社会功能。但这种方法可能因过分强调体裁规范而显得刻板，如果教师缺乏创新精神，易使教学过程变得单调乏味，且由于体裁的多样性，教学难以覆盖所有可能的写作场合，可能在某些特定文体的处理上显得力不从心。

每种教学法都有其适用场景与潜在弊端，理想的日语写作教学应融合多种方法的优势，兼顾结果导向与过程体验，平衡语言规范与创意表达，以全面促进学生的写作能力发展。

4. 灵活运用作文评阅方式的原则

在日语教学中，作文评阅是一个关键环节，它不仅检验学生的写作能力，也是教师与学生间深入交流的重要途径。为了提升评阅的有效性，教师应当在"何时评""评什么"及"怎样评"这三个方面做出周全考虑。

首先，关于"何时评"，教师应抓住两个重要时机：学生初稿阶段与作文完成后的批改。在学生撰写过程中，教师适时介入，给出宏观指导，帮助学生理清思路，修正方向，此时不宜深究细节；而在作文提交后，教师应迅速反馈，细致评阅，关注内容与语言层面的不足，确保学生能在记忆犹新时收到反馈，必要时安排重写以巩固学习成果。

其次,"评什么"需要教师权衡轻重。鉴于时间和精力有限,评阅应聚焦于核心问题,首要考量的是信息传达是否清晰。教师可通过直接修改或引导学生自我反思的方式,确保文章意义明确。同时,教师应与学生沟通,了解他们的需求,确定评改重点,可能涉及语法、词汇、逻辑或是文体等,力求个性化与针对性。

至于"怎样评",教师的评语应精准、具体,避免泛泛而谈。正面激励尤为重要,尤其是对待写作积极性较低的学生,教师应多发掘亮点,激发其兴趣。教师可选择性批改,结合集体讨论,让评阅成果惠及全体,逐渐培养学生自主校正的能力。教师的评语要鼓励学生勇于尝试,即使面对错误,也要肯定其探索精神,防止学生因过度谨慎而错失语言实践机会。

作文评阅应是一个动态调整、双向互动的过程。教师需灵活运用策略,平衡指导与放手,激发学生写作潜能,同时减轻自身负担,实现教学相长的目标。通过精心设计的评阅流程,教师不仅能提升学生的写作技能,还能增进师生情感联系,营造积极向上的学习氛围。

(二)日语写作教学的方法

1. 过程教学法

写作的过程教学法源自20世纪60年代的美国,最初应用于第一语言教学,后成为极具影响力的写作教学模式。该方法深受发生认识论、信息论、控制论及多种语言理论和教学法的影响,其核心在于强调写作过程中的思维活动和作者的主体性与主动性。

进入20世纪80年代,过程教学法被引入第二语言教学领域,尤其是写作教学中,它颠覆了传统上对语法结构、修辞技巧的过分关注和机械模仿的模式,转而将重心放在了实际交际能力和智能的培养上,提倡学生之间的合作学习。

这一教学法的显著特点在于对思维训练和作者能动性的重视。与行为主义心理学下的听说教学法不同,过程教学法更注重学生的主动探索和思考。基于皮亚杰的发生认识论,过程教学法视写作为一个认知过程,要求学生独立思考、搜集与整理材料,通过内化和同化的方式掌握规律,培养创造性思维和语言运用能力。

此外,交际教学法对过程教学法的影响也不容忽视。它拓宽了写作教学的范畴,不仅关注语言本身,还涵盖了语义、文体、语域和社会文化等层面,旨在培养学生的外语表达能力和对社交场景、读者心理及交际目的与效果的分析能力。过程教学法强调写作的本质是交际,因此,教学活动应力求生动、情境化,营造真实或模拟的交际环境,以期学生能在实践中提升实际的交际能力。

2. 结果教学法

早期的日语写作教学深受经典修辞学研究的影响,直至20世纪60年代,教学焦点仍然集中在文学作品的解读与剖析上,其目标是让学生通过分析掌握不同文体的特性及写作技巧,最终能够独立创作。这种以成品为导向的教学策略被称为结果教学法,它以句子为基本单位,逐步扩展至段落乃至篇章,强调语法的准确性和句子的构造。

在结果教学法的框架下，教学进程通常包括教师对特定修辞手法的讲解，随后引导学生阅读并分析相关作品，接着布置写作任务，有时会提供大纲或示例文章作为参考。教师的反馈和评价主要针对学生作业的最终成品，关注语言的规范性、文章结构和整体质量。

这种方法在中国的日语写作教学中占据主导地位，多数教材的设计也遵循这一模式。尽管在具体执行中存在差异，但结果教学法普遍强调语言知识的应用，要求文章中恰当地运用词汇、句法和衔接成分。在段落组织上，其提倡使用主题句引领，并遵循特定的结构模式，如事件发展序列、对比与对照、因果关联、分类、定义等，以此构建逻辑清晰、条理分明的文章。

结果教学法的实施，虽有助于学生掌握语言的精细规则和写作的结构性要求，但其对成品的过分关注可能限制了学生的创造力和个性化表达，有时也会因忽视写作过程中的探索与反思，而影响学生对写作本质的理解和享受。因此，近年来，教育者也在探索如何结合过程教学法等其他教学策略，以促进学生写作技能的全面发展。

二、基于文化视角的日语写作教学

（一）日语写作教学现状

1. 师生普遍对日语写作课重视程度不足

当前的日语能力测试体系主要围绕词汇、语法、阅读和听力四大板块构建，考试形式普遍采用客观选择题，尚未包含写作评估部分。这一测试结构在一定程度上影响了学生对日语写作的重视程度，加之在日语教学中，教师往往将教学重点倾斜于词汇和语法的讲解，以及精读、泛读、听力和会话等基础技能的培养，写作课程即便开设，也常被简化为词汇和语法的进一步解析，未能充分体现出写作训练的价值和必要性。

此外，受到某些语言学习理论或专家观点的影响，很多学生形成了以口语流利度作为衡量日语水平的标准，而忽视了写作能力在未来职业发展中的重要地位。在职场环境中，无论是商务沟通、学术研究还是文化交流，良好的写作能力都是不可或缺的技能，它不仅体现了语言运用的深度和广度，更是个人思维逻辑、信息整合和表达能力的直接反映。

2. 大学生的学习态度影响写作课的教学质量

经历了高考的大学生，常常抱持着一种大学生活应较为轻松的心态，导致他们对学习的投入和热情普遍下降，缺乏深入钻研的精神。写作，作为一种需要高度创造力和个人投入的活动，其特性决定了它必须由学生主动参与才能取得成效。然而，面对这一需要独立思考和辛勤努力的任务，许多学生表现出抵触情绪，尤其是当他们自身的日语基础不牢固，词汇量有限时，这种抵触感会更加明显，进而影响他们对写作课的兴趣和参与度。

学生的这种消极态度不仅制约了其个人写作技能的发展，也会影响到教师的教学热情。长期处于学生缺乏兴趣、参与度低的教学环境中，教师可能会感到挫败，对自己的教学效果产生怀疑，即所谓的自我效能感下降。这种恶性循环对教学双方都不利，不仅学生的写作水平停滞不前，教师的教学质量和职业满意度也会受到负面影响。

3. 单一的教学方法让日语写作课沦为师生的负担

当前的日语写作课程多采用一套固化的教学模式，其流程通常包括教师对写作技巧的讲解，分析教材中的范例文章，教授其中的关键词汇与句型，随后布置写作作业，最后在课堂上点评代表性的学生作文。这种模式下，学生写作量大，教师批改工作繁重，而学生往往只关注作文得分，对教师指出的具体错误反应冷淡，很少主动修正，教师通常也不会要求提交修订版，仅在课堂上概述常见错误，随即进入下一个写作任务。这种机械化的循环不仅使写作成为学生眼中的例行公事，也加重了教师的负担，久而久之，写作教学可能被视为无关紧要的"鸡肋"。

（二）文化视角下的日语写作教学策略

1. 加大对学生的语言输入力度

克拉申（Krashen）在其二语习得理论中强调，语言的习得很大程度上依赖有效的语言输入。他认为，教学的核心应当是为学习者提供丰富且可理解的语言输入，以此激发语言习得的自然过程。大量阅读被视为语言输入的关键环节，它不仅能够提供充足的词汇、语法和表达模式的样本，还能在无形中培养学习者的语感，为语言输出奠定坚实的基础。

通过阅读，学习者能够沉浸在目标语言的环境中，理解词汇的使用语境、语法结构的微妙变化，以及语言的流畅性和地道表达。在教师的引导下，学生将阅读中获得的知识转化为写作实践，学会如何组织连贯的文章，如何准确、流畅地传达信息，从而实现语言能力的全面提升。

背诵作为另一种语言输入的方式，通过反复熟记典型例句和文章，学生能够加深对二语词汇和规则的记忆，促进二语思维的形成。同时，教师应充分利用学习者母语的知识背景，通过对比教学，揭示母语与目标语言之间的异同，帮助学生规避常见的语言迁移陷阱，如雷同或相反的表达习惯。通过及时、准确的解释，学生可以清晰地认识到母语与目标语言在词汇搭配和语法结构上的差异，从而避免错误的重复。

此外，教师还应积极引导学生利用母语正迁移的优势，鼓励他们以开放和积极的态度面对二语习得过程中的挑战。通过大量的练习和严格的训练，学生能够逐渐克服语言学习初期的障碍，建立起对目标语言的自信，最终实现语言能力的飞跃。

通过大量阅读、背诵及有效的母语对比教学，学习者能够在教师的指导下，逐步构建起扎实的语言基础，培养出良好的语感，为日语写作能力的提升创造有利条件。这一过程不仅强化了语言输入的效果，也为语言输出的顺利实现奠定了坚实的基础。

2. 重视感情因素，提高学生学习动机

克拉申（Krashen）在其二语习得理论中强调了情感因素在语言学习中的重要作用，指出学习动机与情绪状态对语言习得有着显著影响。他提出，当学习者拥有强烈的求知欲和学习动机时，其心理压力和不安情绪会相应减少，从而更有利于语言知识

的吸收和运用。因此，日语教师在教学过程中应注重情感管理，创造一种支持性和包容性的学习环境，以促进学生的语言学习。

在日语课堂上，教师需敏锐地察觉学生的情绪变化，尤其是焦虑情绪的出现，这是学习第二语言时常见的心理障碍。一旦发现学生有焦虑迹象，教师应采取积极措施，如提供额外的指导、鼓励和反馈，帮助学生建立自信，缓解学习压力。通过营造一种"心理自由"的课堂氛围，教师可以鼓励学生在无惧犯错的环境中大胆尝试，提高其学习动力。

此外，教师应设计一系列由简入难的活动，让学生从基础话题开始，逐步过渡到更复杂的主题，以此建立学习的连续性和成就感。通过有计划的练习，学生不仅能够逐步提高语言技能，还能增强对日本文化的理解和兴趣，进一步激发其学习日语写作的热情。

教师在日语教学中扮演着情感引导者的重要角色，通过关注学生的情感需求，创造一种既安全又富有挑战性的学习环境，可以极大提升学生的学习效率和兴趣。这种以学生为中心的教学方法，不仅有助于克服语言学习中的心理障碍，还能促进学生在日语写作方面的长期发展。

3. 鼓励学生进行语言输出

斯温（Swain）在二语习得理论中提出了"可理解的输出"的概念，她认为，虽然"可理解的输入"对于语言习得至关重要，但若要达到流利与准确兼备的二语使用能力，学习者还需通过"可理解的输出"来实践和巩固语言技能。这意味着，学习者不仅需要接收和理解目标语言的信息，还需要主动使用目标语言进行表达和交流，以此来检测和提升自己的语言能力。

在日语学习中，教师可以鼓励学生通过写日记、读后感或随笔等形式，进行语言输出的练习。这些写作活动不仅能够帮助学生将所学知识应用于实际情境，还能促使他们深入思考语言的结构和用法，发现自身在语法、词汇和表达上的不足。通过反复的写作实践，学生将有机会自我纠正，逐渐提高语言的准确性和流利度。

"可理解的输出"强调了学习者在语言习得过程中的主动参与，它要求学习者不仅要理解语言，更要运用语言。在这一过程中，教师可以提供反馈和指导，帮助学生识别并改正错误，同时鼓励他们持续探索和尝试，以促进语言技能的不断提升。通过这种方式，学习者能够更加深刻地理解日语的细微差别，提高语言表达的地道性和准确性，最终实现语言习得的目标。

4. 利用多媒体教学，营造日语环境

在中国的日语学习环境中，当学生掌握了基本的日语技能后，教师应当引导他们利用多媒体资源，如计算机和其他电子设备，深入探索日本文化。这包括组织学生参与各种与日本文化相关的活动，如观看日语电视剧和动画，学习日语歌曲，聆听日语广播，以及阅读日文报刊和文学作品。这些活动不仅是学习日语的有效手段，也是理解日本文化的关键路径。

每一部日剧或动画都如同日本社会的微缩景观，展现了其生活方式、社会习俗和

思维模式。通过沉浸式的学习方式，如观看这些影视作品，学生不仅能掌握地道的日语表达，还能洞悉日本人的日常习惯和独特的文化视角。此外，学唱日语歌曲不仅能增强学生的语言感知力，还能加深其对日本音乐和流行文化的理解；而阅读原版的日文材料则有助于提升学生的阅读和写作技巧，使其在语言运用上更加得心应手。

无论是沉浸在日语电视剧的情节中，还是跟随日语歌曲的旋律歌唱，或是细读日文原著，都能显著增进学生对日本文化的理解和日语水平的提升，为他们构建一种全面且生动的语言学习环境。这样的学习策略不仅丰富了学习体验，也促进了跨文化交流的能力，让学生在语言习得的过程中收获更多文化素养。

5. 改进教学方法，养成日语思维习惯

为了防止母语文化的负面影响，并逐步培养出日语思维，日语学习者需要将自己置于日语环境中，如同学习游泳般投身实践，通过持续不断的练习来精进技能。理论知识虽重要，但若不付诸实践，就如同岸边学泳者，永远无法自如游弋。写作能力的提升，除了依赖个人的天赋和才情之外，更需要持之以恒的努力与勤奋。

教师在教学过程中扮演着关键角色，他们应不断创新教学方法，为学生提供日语写作的范本，通过分析和讨论这些范文，帮助学生领悟日语文章的构思逻辑、写作技巧及常用句式。同时，引导学生对比中日文化差异，深入了解日本文化如何塑造日本人的生活方式、性格特征、观念体系及语言表达习惯。这一过程旨在促进学生心理上的接纳，认识到并尊重中日文化之间的差异，从而在更广阔的视野下欣然接纳异域文化的特质。

为了培养地道的日语思维，学习者应积极投身于日语环境，比如观看日语电影、阅读日文书籍、参与日语论坛或社交媒体的讨论，甚至尝试与日本本土人士交流。通过这些方式，学生不仅能够提升语言能力，更能深入了解日本社会的文化底蕴，从而在写作时自然而然地融入日语的表达方式和思考模式。这种浸润式的体验有助于学习者在潜移默化中克服母语文化的干扰，写出更加地道的日语文章。

最终，通过上述策略，学习者将能够更加自然流畅地使用日语进行表达，减少因母语思维而产生的语言障碍，实现从"翻译式"到"创作式"的转变，撰写出符合日语习惯的文章。

第四章

从文化视角看日语阅读与翻译教学

第一节　文化视角下的日语阅读教学

一、日语阅读教学的原则与方法

（一）日语阅读教学的原则

1. 激发兴趣原则

激发学生的兴趣是教学成功的关键，尤其是在阅读教学中。兴趣如同一位卓越的导师，能够点燃学生对知识的渴望，激发其内在的学习动力。当学生对阅读产生浓厚的兴趣时，他们会从被动接收信息转变为积极主动地探索和学习，这种转变对于提高阅读能力和培养终身学习的习惯至关重要。

为了保持和增强学生的阅读兴趣，教师在设计教学活动时应注重内容的更新与形式的创新，避免单调乏味的授课方式。引入多样的阅读材料，涵盖不同主题、体裁和难度级别，能够满足学生的个性化需求，使阅读教学始终保持新鲜感和吸引力。同时，采用多媒体教学、互动讨论、角色扮演等多元化教学手段，可以增强学生参与度，使阅读成为一种愉悦而非负担的体验。

此外，教师还应鼓励学生根据个人兴趣选择阅读材料，设立个性化阅读目标，通过设置阅读俱乐部、读书报告分享会等活动，促进学生之间的交流与合作，进一步激发阅读兴趣。在教学过程中，教师的正面反馈和及时鼓励也是至关重要的，它们能够增强学生的自信心，使其在阅读旅程中保持持久的热情和动力。

通过多样化的教学内容与形式，结合个性化指导与积极反馈，教师能够有效提升学生的阅读兴趣，促进其从被动阅读向主动阅读转变，为学生的终身学习奠定坚实的基础。

2. 因材施教原则

每个学生都具有独特个性和能力差异，这些差异直接影响他们的阅读进程。教师应关注并满足不同水平学生的特殊需求，以促进每个学生阅读技能的发展。对于阅读成绩不佳或缺乏信心的学生，教师可以提供简单的阅读材料，并逐步提升难度，帮助他们看到自己的进步，并经常给予表扬和鼓励，以重建他们的学习信心。对于基础较好的学生，教师应提供更具挑战性的阅读任务，如推荐世界名著等，以满足他们的阅读兴趣。教师需要认真分析每个学生的情况，根据他们的特点，有意识地提出不同要求，采取不同教学方法，实现真正的因材施教。

3. 速度调节原则

阅读速度和理解能力在学生之间存在差异，有的学生阅读速度快且理解能力强，而有的学生则相反。重要的是，阅读速度并不总是与理解能力成正比。在教学中，教师需要加强学生的阅读技能训练和语言基础知识积累，同时合理控制阅读速度。在教学初期，教师应降低阅读速度，重点放在对材料的有效理解上。随着学生词汇量的增加、语义和句法知识的积累及语感和阅读技能的提升，阅读速度将自然提高。此时，教师可以进行限时训练，加强训练强度，以实现教学目标。教师应根据教学阶段的不同目标灵活调整阅读速度，避免单纯追求速度而忽视学生的理解能力。

4. 循序渐进原则

提高学生的阅读水平是一个长期而渐进的过程，教师需要精心设计和长远规划。教师在材料选择、任务设置、阅读方法指导及教学反馈等方面，都需要进行周密的考虑。教师应鼓励学生探索并采用适合自己的阅读策略，同时积极引导他们，帮助他们完成阅读任务，从而逐步提升阅读技能。

5. 真实性原则

阅读教学的真实性主要体现在两个方面：首先是阅读材料的真实性，这要求选择由母语者编写的材料，同时考虑到学生的日常生活交际需求，选取文体多样、语言水平适宜、学生感兴趣的阅读材料。其次是阅读目的的真实性，无论是为了获取信息、验证知识，还是批评作者观点、风格，或是仅仅为了娱乐和消遣，阅读活动都应基于真实目的，并根据不同目的采用相应的阅读方法。例如，如果阅读题目要求判断文中人物是否能支付一部手机，那么学生在阅读时就需要特别关注涉及价格的信息。

（二）日语阅读教学的方法

1. 生态教学模式

（1）生态学教学

①生态学教学的基本定义

生态式教育倡导用生态学的视角来理解和解决教育问题，实施教学活动。这种教育模式强调系统性、整体性、联系性和和谐性，从多维度分析教学内容、方法、评价、课堂环境及教学效果的反馈。其目标是构建一种有利于学生可持续发展和建立良好师生关系的教学模式，以促进学生的健康成长和有效学习。

②生态学教学的基本特征

A. 强调学习者的可持续发展意味着将个体的终身成长视为一个连贯的过程。在课堂环境中，教育的目标不仅是传授知识，更重要的是激发学生的内在动力，帮助他们树立长远的学习目标，培养自我驱动的学习能力，确保他们有能力在人生的各个阶段持续成长。为了实现这一目标，教师需关注如何持续激发学生的学习热情，使之成为学习旅程中持久的推动力。

B. 教学内容的应用性是语言生态式教学的核心。通过将日常生活中的元素融入教学，如阅读日语报纸、使用微信与外教交流、通过 App 进行电子阅读和讨论，学习内容更加贴近学生的实际生活，增强了实用性和趣味性。这种贴近生活的学习方式能够帮助学生在熟悉的情境中更好地理解知识，提升学习的成就感，激发持续学习的兴趣，最终让日语阅读成为学生生活的一部分，而非额外负担。

C. 构建平等和谐、教学相长的新型师生关系是现代教育的关键。在学校这一教育生态系统中，学生和教师作为两个相互依存的要素，应保持平等的交往与合作。在教学活动中，双方都应保持相对独立性，明确各自的主体和主导地位，承担相应的责任。这种互动模式，不仅能够促进教学质量的提升，还能实现教师和学生的共同成长，达到教育生态的和谐统一，促进双方在教学过程中的相互促进和共同发展。

教育的终极目标是培养具有终身学习能力的个体，将生活元素融入教学、构建平等和谐的师生关系，可以有效激发学生的学习兴趣，促进其可持续发展，最终实现教育的长远目标。

（2）日语阅读教学生态模式策略

①第一课堂环境的合理构建

生态式教育理念倡导尊重每位学生独特的内在生态系统，强调个体差异与和谐共生。为了培养学生的可持续发展学习能力，教育者必须摒弃传统的填鸭式教学模式，转而探索如何激发学生的好奇心和学习主动性。构建适宜的学习环境，优化教室硬件设施，是实现这一目标的重要步骤之一。

合理的教室布局设计，如多媒体设备的恰当安置，避免与传统板书的冲突，能够提升教学效率和学生参与度。同时，控制班级规模，推行小班化教学，每班人数控制在 15 人左右，有助于缩小师生间的物理与心理距离，确保每位学生的声音都能被听见，其日语阅读学习的需求得到满足。

采用小组讨论、角色扮演、游戏等互动式教学方法，不仅能够增强学生之间的合作与交流，还能在轻松愉快的氛围中深化对日语阅读材料的理解。围坐式的座位安排，如半圆形、月牙形、圆形或环形，可以营造更加亲密的学习环境，促进师生、生生之间的互动，让学生在探讨日本文化、日语语法等话题时感到更加自在，激发学习热情，达到日语阅读学习的高峰。

生态式教育强调创建一种支持学生个性发展与和谐共处的学习生态系统。通过优化教学环境，控制班级规模，采用互动式教学策略，教育者能够有效调动学生的积极性，促进其在日语阅读学习中实现可持续发展，培养终身学习的能力。

②教师教学主体的转变、教材的合理选编

在生态教学模式下，教师的角色定位与传统教学截然不同，他们不仅是知识的传播者，更是学习生态中的引导者和参与者。为了胜任这一角色，教师需定期参加专业培训，持续更新知识结构，保持教学理念与时代同步。在教学中，教师应视自己为教学生态系统的一员，而非唯一中心，拥有生态教学观，明确自身在学习过程中的角色定位。

在阅读教学中，教师需在课前围绕教学焦点，帮助学生预习相关知识点、背景信息及词汇，为理解文本打下基础。课堂上，教师应精心设计导入环节，确保材料与教学内容的关联性与趣味性，促进师生互动与学生间的合作。导入材料应多样化，动静结合，以吸引学生的注意力。阅读后，教师应设计一系列活动，让学生对所学知识进行输出训练，同时辅以日语阅读技巧的指导，以促进知识的内化与运用。

教材的选择与编排亦是生态教学模式下的关键环节。鉴于现有教材可能与时代脱节，教师需具备前瞻性和宏观视野，甄选正能量、与时事紧密相连的教材，引导学生深入阅读，培养奉献精神、爱国情怀与团队协作能力，对抗"学习功利主义"的不良影响。教师团队应积极探索创新教材的使用，结合地方特色与应用需求，开发适用于第二课堂、模拟课堂及日语角等课外活动的教材。这些教材应经过实践检验与不断完善，最终应用于专业性强的课程中，也可借鉴优秀的网络课程资源，作为日语阅读教学的补充材料。

生态教学模式下的日语阅读教学要求教师转变角色，以生态理念指导教学，精心设计教学环节，选用与时俱进的教材，以培养学生的综合素养与终身学习能力。

③习得者话语权建立，解除教师的话语霸权

在语言学习的历程中，教学不仅是传授语言知识与技能的手段，同时也是语言实践的平台。学生通过教师的课堂话语，不仅获取语言信息，更在这一过程中形成对语言的直观感受和理解。阅读教学，作为语言学习的重要组成部分，不仅是学生、教师、编者与文本之间对话的桥梁，更是学生发展思维、提升审美体验的关键途径。因此，教师在日语阅读教学中应着重培养学生的主体意识，赋予他们自主探索文本、感悟语言的空间，让学生在阅读中找到乐趣，激发其内在的学习动力。

当学生在充分理解目标语篇的基础上，产生了自己的见解和思考，教师应鼓励并引导学生进行开放式讨论，无论是与教师还是同学，都可以围绕文本展开"口舌论战"。这种互动不仅限于口头表达，更鼓励学生运用目标语言进行沟通，据理力争，以此深化学生对文本的理解，同时积累语感，增强语言运用能力。教师在这一过程中扮演着引导者与启发者的角色，通过提问、评论或补充信息，帮助学生从不同角度审视文本，拓展思维边界。

课堂话语在日语阅读教学中占据核心地位，它不仅承载着语言知识传递的功能，还潜移默化地影响着学生的世界观、价值观及对日本社会文化的认知。因此，教师的课堂语言应具备贴近母语的自然流畅性、符合生活逻辑的真实感、反映社会背景的深度，以及体现历史进程的广度。教师需精心挑选用词，结合教材内容适时引入生态学视角的言语，以增强教学的丰富性和生动性，使学生在学习过程中获得更全面的语言体验和文化熏陶。

日语阅读教学应以学生为中心，通过激发学生的主体意识和批判性思维，促进其语言能力和文化素养的综合提升。教师的课堂话语在这一过程中扮演着至关重要的角色，其质量直接影响着教学效果和学生的学习体验。精心设计的课堂互动和教师语言的巧妙运用，可以为学生创造一种既充满挑战又富有趣味的学习环境，助力其在语言学习的道路上稳健前行。

2. 翻转课堂应用于日语阅读教学

（1）如何运用翻转课堂

在日语阅读教学中引入翻转课堂模式，旨在应对传统教学模式的局限，最大化激发学生的自主学习潜力，以适应不同学生的学习节奏和需求，从而有效提升其阅读理解能力和语言综合水平。具体而言，翻转课堂在日语阅读教学中的应用可从以下几个方面着手：

①任务型教学，保障课前阅读

针对学生阅读能力的差异性和学习主动性不足的问题，教师应在课前布置与教学内容紧密相关的任务，明确学习目标和重点，激发学生的学习兴趣。要求学生在课堂上通过 PPT 展示完成的任务，不仅能够检查其课前阅读的完成情况，还能促使学生对文章内容有初步的理解和思考。

②个性化课堂教学，激发学习兴趣

在课堂上，教师应根据文章特点设计个性化的教学活动，如辩论、情景再现等，以增加课堂的互动性和趣味性，激发学生的学习热情。在解决学生疑问时，教师应采用引导而非直接解答的方式，鼓励学生自主思考，同时组织集体讨论，以促进知识的深化理解和日语综合能力的提升。

③跟踪巩固，强化学习效果

课堂结束并不意味着学习的终结，教师需对课堂上学生出现的错误和遗漏进行及时的反馈和补充，指出不足之处并提出改进建议。课后，通过微信群语音、视频教程或在线讨论等方式，学生对课堂中未完全掌握的知识点进行跟踪巩固，确保能够查漏补缺，巩固学习成果。

翻转课堂模式下的日语阅读教学，通过课前任务的布置、课堂上的个性化教学和课后的跟踪巩固，能够有效调动学生的主动性和创造性，满足不同学习需求，促进学生日语阅读能力的全面提升。这种模式不仅提高了教学的针对性和有效性，也为学生创造了更加丰富和互动的学习环境，有助于其日语综合运用能力的长期发展。

（2）运用翻转课堂需要注意的问题

在实施翻转课堂的日语阅读教学中，教师需精心设计教学视频，确保其短小精悍，同时兼顾趣味性与针对性。视频长度通常控制在几分钟到十几分钟，旨在短时间内集中讲解一个或几个核心知识点，与传统冗长的教学视频形成鲜明对比。教师在制作视频时，应聚焦于提炼精华内容，避免冗余，确保信息传递高效且易于理解，同时，融入幽默、案例或引人入胜的故事，以激发学生的学习兴趣，提高视频的吸引力。

翻转课堂的教学设计需充分考虑学生群体的多样性，确保教学活动能够满足不同能力水平学生的需求。尽管翻转课堂模式在一定程度上缓解了学生阅读能力的差异化问题，但在课堂讨论与任务完成中，学生的表现依然存在差异。因此，教师在课堂上应采取分层教学策略，对能力强的学生提供更深层次的探究机会，鼓励他们进行批判性思考和创新性表达；对于能力一般的学生，重点在于帮助他们准确把握文章的主旨和关键信息；而对能力相对较弱的学生，则侧重于基础知识的巩固，确保他们能够理解文章的基本主题，通过差异化的指导，实现全体学生的均衡发展。

此外，教师还应合理规划拓展阅读，将课堂内容与现实世界紧密相连，避免学生的学习局限于课本，脱离社会实际。拓展阅读材料的选择应考虑时事政治、社会热点，以及与课文主题相关的背景知识，这不仅能够扩大学生的知识面，还能培养其批判性思维和跨文化交际能力，从而全面提升学生的日语综合素养。结合课堂讨论、小组合作和个性化指导，拓展阅读活动将成为连接课堂内外、理论与实践的桥梁，为学生提供更加丰富多元的学习体验。

二、基于文化视角的日语阅读教学

（一）基于文化视角的日语阅读教学理论基础——文化符号学

1. 文化符号学理论概述

从符号学的视角来看，文本的意义并非固有或预设的，而是动态生成的，它源自创作者与接收者之间的互动过程。文本，无论是口头的还是书面的，本质上是由一系列符号构成的，这些符号在不同的文化和语境中承载着特定的含义。符号学研究的核心在于如何理解和解码这些符号，以及它们是如何在特定的社会文化框架中被创造和解释的。

文本作为表现性的载体，通过诸如言语、书写等符号系统得以记录和传达。这种表现性赋予文本以物质形态，使其成为可以感知和分析的对象。然而，文本的边界性意味着它们在时间和空间上具有限定，不同的文本类型有着各自独特的边界特征，比如诗歌、小说、学术论文等，它们各自的结构和规则界定了文本的范围。

文本的结构性体现在其内部逻辑和组织方式上，它们不仅仅是符号的随机堆砌，而是遵循一定的顺序和层级，具有开头、中间和结尾，以及更深层次的内在联系。文本的这种结构化特性使得它们能够有效地传达信息，同时也为接收者提供了理解的线索。此外，文本还具备交际和记忆的功能，能够跨越时空传递信息，同时也允许接收者基于自身经验对信息进行重构和再创造。

文本的创造与接受过程，实际上是在进行一种隐喻的对话，这种对话发生在作者与接收者之间，也发生在接收者与其个人经验、文化背景和社会环境之间。作者在创作时，会将个人的想象、情感和观念转化为符号，通过编码传递给接收者。接收者则依据自身的符号体系、记忆和联想，对文本进行解码，从而赋予文本新的意义。在这个过程中，接收者的符号系统也可能发生改变，以适应或整合新获得的信息。

因此，文本不仅是信息的容器，也是意义生产和再生产的场所，它的意义随着不同历史时期、不同文化背景下的解读而不断演变。这种动态的、互动的特性，正是文化符号学中所强调的文本的本质特征。

2. 文化符号学理论在日语阅读教学中的应用

为了培养和提高学习者的阅读理解能力，日语阅读教学应该重视文本知识的教学，强化学习者构建阅读的符号化形式并培养其阅读符号化的能力。

（1）立足文本

在阅读教育中，培养学生的文本解读能力至关重要，这不仅涉及对文字表面意思的理解，更关乎深入挖掘文本的召唤性结构，以及学生自身期待视野与文本潜在意义之间的互动。召唤性结构是指文本中那些未完成的、开放的空间，它们呼唤读者的参与，激发读者用自己的经验和想象力去填充，从而实现文本意义的个性化构建。而期待视野则是指读者在接触文本之前已有的认知框架和预期，它影响着读者对文本的解读和反应。

教师在教学中，应当引导学生超越字面意义，探索文本的深层结构，鼓励他们主动发现并响应文本中的召唤性结构。这要求教师自身对课文及其相关课程资源有深刻的理解，不仅要掌握文本的人文内涵、语言特色和价值导向，还要能够激发学生对文本内容的情感共鸣，促使他们体验文本所蕴含的情感和价值观。

文本解读的教学目标是多维的，它包括对文本内容的梳理、语言的分析、情感的触动及价值观的感悟。通过细致的解读，学生能够更加敏锐地捕捉到文本中的精妙构思、动人情感和语言艺术，进而达到与文本深层次的沟通。教师应致力于让学生感受到文本的魅力，使文本的意义如同从自己口中说出，心中所想，让学生在解读过程中实现自我与文本的深度融合，从而提升个人的文化素养和审美鉴赏力。

在这一过程中，教师的角色是关键的，他们需要精心设计教学活动，使学生能够在阅读中主动思考，积极参与文本意义的构建。通过对文本价值取向的深刻理解，教师能够指导学生如何批判性地评估文本，分辨其中的道德立场和文化观念，这是阅读教学中最为重要的内容之一，它直接关系到学生文本驾驭能力和批判思维的培养。

阅读教学中的文本解读旨在培养学生全面而深入地理解文本的能力，使他们能够在个人与文本的对话中成长，最终实现心灵的滋养和个人精神世界的丰富。

（2）潜入文本

阅读教学不仅是知识的单向传递，更是一个动态的、创造性的过程，涉及对文本的解构与重构，以及学生对知识的主动建构。在这一过程中，阅读不仅为学生提供了获取信息、认识世界、锻炼思维和审美体验的途径，还通过教师引导下的多重对话——学生与教师、学生与文本、学生与教科书编者之间的对话——实现了知识的深度加工与理解，进而推动了文本价值的释放、吸收和重构。

课堂是这一过程的核心舞台，教师扮演着至关重要的角色。他们需依据文本的人文内涵和价值导向，精心设计教学活动，从文本的解读出发，逐步引导学生深入理解文本的意蕴。教学预设应科学合理，情感铺垫需层层递进，犹如黄河之水，源远流长，最终汇聚成师生间对文本情感的共鸣与思维的碰撞。

这一教学过程如同一场精心编排的交响乐，教师通过有计划、有层次的引导，使学生在阅读中体验文本的深度与广度，不仅理解文本表面的意思，更能够洞察其背后的思想、情感与文化价值。学生在这一过程中，不仅吸收了文本的直接信息，还学会了批判性思考，形成了自己的见解，实现了知识的内化与创新。

教师应善于激发学生的好奇心和探索欲，鼓励他们主动质疑、积极思考，通过提问、讨论、分析等多种方式，帮助学生深入文本，理解其复杂性与多元性。在师生互动中，文本的意义得以拓展，学生的阅读素养得以提升，他们学会了如何从不同角度解读文本，如何在阅读中寻找自我，如何将文本与现实生活相联系，从而实现了阅读的广度与深度。

阅读教学是文本与学生相遇的奇妙旅程，是知识、情感、思维与文化价值的交融与升华。教师通过科学的教学设计与灵活的教学策略，不仅释放了文本的建构性价值，还促进了学生阅读素养的全面提升，使阅读成为一种既富有乐趣又充满智慧的活动。

（3）加强文本分析

衔接与连贯是文本分析中不可或缺的两个维度，它们分别作用于文本的表层结构与深层意义，共同构建了文本的完整性与流畅性。衔接，作为文本的有形网络，主要通过语法手段和词汇手段实现，如照应、替代、省略、重复等，这些手段帮助读者理解句子与句子之间、段落与段落之间的逻辑关系，如并列、顺序、递进、转折、解释、因果等。这些关系的明确，有赖于连接性词语的恰当使用，它们像桥梁一样，串联起文本的各个部分，使整体结构更加紧密。

连贯，则是文本的无形网络，它存在于语义层面，需要读者通过逻辑推理来把握。文本的连贯性不仅依赖显性的衔接关系，还与文本的上下文环境、文化背景及读者与作者的共有知识紧密相关。理解文本的"言外之意"、隐含信息，以及作者的意图，往往需要读者调动自己的背景知识和联想能力，进行深度解读。

在阅读教学中，教师的角色至关重要。他们应着重引导学生学习和掌握语篇的衔接方式，包括各种语法和词汇手段的使用，以及连接性词语的作用。同时，教师还应鼓励学生运用世界知识和语境知识，培养他们的判断推理能力，以深入理解文本的连贯性，把握作者的写作意图和风格。通过这样的教学，学生不仅能提高语言运用的准确性，还能增强对文本深层意义的敏感度，提升阅读理解的综合能力。

对文本的衔接与连贯进行深入分析，能够帮助学生构建更加完整的阅读框架，使他们学会如何在阅读中捕捉细节，如何在理解中填补空白，从而在阅读过程中实现与作者的深度对话，提升阅读素养和批判性思维能力。

（4）提高阅读推理能力

推理能力在阅读理解中扮演着核心角色，它使读者能够基于已有的信息，结合个人的知识和经验，通过分析和判断，推导出文本中未直接陈述的含义，从而深化对文本的理解。培养推理能力不仅有助于学生准确捕捉词汇的深层含义，还能帮助他们领悟文章的隐含信息，欣赏语篇的精妙构造，进而提升阅读理解的整体水平。

为了增强学生的逻辑思维能力，教师在教学中可以引导学生进行以下几项训练：

①预测文章内容：鼓励学生在阅读前，根据文章的标题、主题、插图、逻辑结构、语境提示及信号词等线索，对文章的大致内容进行预测。这有助于学生带着目的性阅读，提高信息的捕捉效率。

②猜测生词含义：通过构词法、同义词、反义词、上下文语境等手段，训练学生独立推测生词意义的能力。这种做法避免了频繁查阅字典打断阅读节奏，有助于保持思维的连贯性，提升阅读速度和效率。

③领悟遣词造句：高效的阅读不仅仅是对文本表面信息的捕捉，更需要深入文章的意境，运用想象力，从语言符号背后挖掘其深层含义。教师可以引导学生从修辞手法、句式结构等角度分析文本，体会作者的匠心独运。

④判断文章基调：在阅读过程中，学生应学会跟随作者的思路，辨识文章的情感倾向和作者的态度，判断其观点是肯定的还是否定的，表达是客观的还是主观的，语气是褒扬的还是批评的。教师应提醒学生避免将个人偏见代入解读，力求贴近作者的原意，以更准确地把握文章的主旨和情感色彩。

通过上述训练，学生不仅能够提升逻辑思维能力和推理技巧，还能培养批判性阅读的习惯，学会从多个角度解读文本，增强对语言的敏感度和对文化的理解力，从而在阅读中获得更丰富的体验和更深邃的见解。

（二）文化视角下的日语阅读教学策略

1. 阅读课教学要与传授社会文化知识相结合

在日语阅读课的教学中，除了传授语言知识，教师还应注重文化背景的引入，将语言现象与文化内涵相结合，帮助学生更全面地理解阅读材料。讲解日本文化背景，不仅加深了学生对文章内容的理解，还拓宽了他们对日本社会、风俗习惯的认识。这种教学方法使学生受益良多，既提升了语言技能，又增长了文化见识。

在具体讲解日本文化时，教师应首先向学生介绍日本文字的起源和发展，包括其属于的语系、是否为通用语等基本信息。日本文字的独特之处在于它是多种外来文化的融合产物。例如，在唐代，中国文化的繁荣吸引了日本派遣遣唐使学习汉语；而在明治维新时期，日本转向西方，积极吸纳欧洲文化，这也导致了外来语的大量引入，成为日语不可或缺的组成部分。

日语的文字体系，包括平假名、片假名、汉字、罗马字及阿拉伯数字的混用，是其文化多元性和对外来文化开放性的直接体现。这种独特的文字组织形式，在全球范围内几乎仅见于日本，其形成根源在于日本的地理环境和历史背景。作为一个位于亚洲大陆东侧的岛国，日本必须积极引进外来文化以促进自身发展，这在历史上表现为对中国、欧洲文化的广泛学习与吸收。日本今天的经济实力和国际地位，很大程度上得益于其对世界先进文化的开放态度和有效融合。

通过这样的文化背景介绍，学生能够更深入地理解日语的形成脉络和日本文化的独特性，从而在阅读日本文学作品或学习日语时，能够更加敏锐地捕捉到语言背后的文化韵味，提升跨文化交际的能力。这样的教学方式，不仅加深了语言学习的深度，也增强了学生对日本文化的兴趣和理解，为日语学习注入了更丰富的文化内涵。

2. 在讲授语言知识的同时，要注意中日文化差异

在日语教学中，我们确实经常遇到学生将母语思维习惯直接套用于日语表达，导致交际失误的情况。为解决这一问题，教师在阅读课程中应着重进行中日文化对比，尤其关注那些深深植根于文化背景中的词汇和表达方式，帮助学生在学习语言的同时，也能深刻理解两国文化的异同，从而在跨文化交际中更加得心应手。

例如，中国人见面时常用的问候语"吃饭了吗?"体现了中国饮食文化的丰富与农耕文明的历史积淀。但在日本，这样的问候可能会被误解为一种邀请或暗示，尤其是在年轻未婚者之间。相比之下，日本人更倾向于谈论天气，这与他们四面环海的生活环境和渔业文化息息相关。

日语中特有的敬语体系，反映了日本社会对身份、地位、年龄、性别及人际关系亲疏的高度重视，而汉语则没有明显的敬语与普通语之分。此外，日语倾向于使用委婉含蓄的表达，避免直接冲突，这与中国人直率表达个人观点的习惯形成鲜明对比。

值得注意的是，有些日语词汇的含义在汉语中可能显得模糊，如"手"在汉语中既可以指手也可以指手臂，而"足"则可以指脚也可以指腿。此外，中日语言在比喻表达上也存在差异，例如汉语中表示改过自新的"洗手"，在日本语境中则被表达为"洗脚"。

因此，在日语教学中，持续进行中日文化对比，结合日本民族的思维方式，不仅能让学生领略到日语语言的微妙与含蓄，还能促进其语言交际能力的提升，事半功倍。掌握目标语言国家的文化常识，是学好一门语言的关键，它帮助学生在理解、掌握和运用语言时避免文化误区，使日语阅读教学更加丰富有效，提高教学质量。

将语言教学与文化背景知识紧密结合，是提升学生日语阅读理解能力的有效途径。通过这种方式，学生不仅能学习语言知识，还能深入了解日本文化，为今后的跨文化交际打下坚实的基础。

第二节　文化视角下的日语翻译教学

一、日语翻译教学的原则与方法

（一）日语翻译教学的原则

1. 层次性原则

层次性原则在翻译教学中意味着教学内容应按照由浅入深的逻辑顺序进行安排，同时要适应学生的认知发展和技能掌握过程，避免教学上的跳跃和超前。这一原则的核心在于循序渐进和系统规划。翻译教学实践中，许多学者都遵循这一原则。例如，汉日句子翻译的学习通常分为三个阶段：首先是句法阶段，重点在于掌握语法规则和句法关系；其次是语义结构阶段，致力于培养对日语的语感和学习日语表达习惯；最后是审美阶段，旨在训练学生对艺术性句子的判断和感悟能力，培养翻译具有艺术感染力的句子的能力，并形成个性化的语言风格。

2. 循序渐进原则

翻译活动应遵循逐步深入、循序渐进的原则，选择的练习材料也应从简单到复杂。从内容上，应从学生最熟悉的话题开始；从题材上，应从学生最熟悉的领域入手；从语言难度上，应从容易理解的文本逐渐过渡到更复杂的文本。这种由浅入深的方法有助于增强学生的自信心，同时逐步培养他们对翻译的兴趣和热爱。

3. 题材丰富原则

现代社会对翻译人才的需求趋向于实用性和综合性，因此翻译练习材料需要多样化和系统化。翻译练习应涵盖各种文体，如应用文、新闻、广告、法律和文学等，通过逐一练习，帮助学生掌握每种文体的特点，并逐步达到触类旁通的程度。教师需要向学生介绍每种文体的功能和特点，以便学生在练习中能够准确运用。同时，文体翻译练习不应孤立进行，而应结合翻译中常见的问题，如将特定文体中频繁出现的问题与其他文体练习相结合，及时解决这些问题，以提高学生的翻译能力和适应性。

4. 翻译速度与翻译质量相结合原则

翻译教学旨在全面提升学生的翻译能力，这不仅包括掌握翻译技巧和确保译文质量，还涉及提高翻译速度。实际翻译工作中，紧急的催稿情况常见，翻译速度慢可能导致无法按时完成任务。因此，教师在教学中应不断强调这一点，并有意识地训练学生提高翻译速度。例如，教师可以安排课堂限时练习，如初始阶段的日译汉练习可以设定每小时翻译约 200 个日文单词，随后逐步提升至每小时 250 至 300 个日文单词，甚至更多。此外，课后练习也应鼓励学生在规定时间内完成，以培养其快速翻译的能力。

5. 注重实践原则

实践性是翻译教学的核心特征，尤其对于大学生而言，他们毕业后可能会遇到多样化的翻译任务。因此，学校和教师应积极为学生提供实践机会，如让他们参与翻译公司的实际操作，亲身体验翻译流程。这不仅能够激发学生的学习动力，提高他们的学习积极性，还能帮助他们为将来的社会生活做好准备，使他们毕业后能够更快地适应并融入社会。教师需要认识到，翻译教学不只是技能训练，更是一个包含丰富实践内容的课程体系。

（二）日语翻译教学的方法

1. 项目教学

（1）现代翻译教育中的教育观

在语言教育领域，传统上教师被视为知识的传授者，学生则是知识的接受者，但这种观念正在逐渐变化。特别是在日语教育中，教育观念正从单纯传授知识与技能，转向激发学生的学习欲望，引导他们主动学习。如果教室是学生步入社会前的"培训室"，那么在翻译课程中，教师的角色应从绝对的主角转变为引导者，让学生通过自己的努力和同伴协作，发现并分析翻译中的实际问题，在解决问题的过程中积累经验，从而培养出适应未来翻译工作的能力。

（2）日语专业翻译课程中的项目教学

项目设计的核心在于其可实践性，旨在激发学生的学习热情。设计应围绕中日商务、文化交流背景下所需的基础知识，以日语专业毕业生进入职场后可能遇到的翻译和口译任务为主线，结合学生现有的知识和能力，设计出真实、完整的项目案例，涵盖工作、购物、饮食、兴趣爱好等多个方面。

在项目实施阶段，教师指导学生将任务细分，并分组制订工作计划和实施步骤。教师应信任学生的能力，在必要时提供建议或指导，帮助学生运用理论知识进行实际操作，以完善知识体系并提升翻译技能。

项目展示与总结阶段，学生以小组形式展示成果，教师提供建议，为学生创造一个自由发挥的空间。同时，教师可以针对学生的薄弱环节进行补充讲解，解释难点和重点，并提供应用实例，以加深学生对知识的理解。

鉴于学生对知识的掌握能力存在差异，可能导致成绩两极分化和知识遗漏，教师应通过项目教学模式加强课堂知识的回顾性总结，帮助学生跟上教学进度，灵活掌握知识点，满足课程大纲的要求。

（3）项目教学中的问题及解决途径

项目教学法与传统教学方法相比，更加强调学生的主体性，体现了素质教育的理念，具有独特的优势。然而，它也面临一些挑战，比如时间效率可能较低、部分学生的自主学习能力可能减弱、评估过程可能较为复杂。在翻译课堂上，如果过分强调项目任务，可能会导致学生在词汇、语法、句式等基础知识方面存在不足，这会在翻译实践中造成表达选择困难和知识理解不明确的问题。

传统的翻译教学更注重学生语言基础能力的培养，而项目教学法则更有利于激发学生的学习兴趣和锻炼合作、沟通能力。因此，在实施项目教学时，对学生进行必要的翻译基础知识教学是关键，这将帮助学生在项目过程中更有效地学习与实践，从而发挥项目教学的优势，促进学生的语言应用能力均衡发展。

2. 结合语境

语境对词语和句子的含义具有决定性影响，准确翻译的前提是对原文的准确理解，而这种理解必须基于语境。翻译过程中，无论是对原文的理解还是译文的表达，都离不开语境的支撑。语境是确保翻译正确的基础，包括宏观和微观两个层面。

宏观语境涉及话题、场合、对象等因素，它使语言的意义更加固定和明确。微观语境则关注词语的具体搭配和语义组合，它帮助确定意义的具体指向。在翻译教学中，教师需要强调语境的重要性，引导学生在宏观和微观两个层面上理解和翻译文本，以确保译文忠实于原文。通过这种方式，学生能够更准确地把握原文的意图和情感，提高翻译的质量和效果。

3. 语篇教学

语篇作为语言交际的基本单位，在语法结构上展现出衔接性和规律性，在意义上则表现出完整性。翻译的质量不仅取决于单个词语或句子的准确性，更在于它们在语篇中是否发挥了适当的功能。

自 20 世纪 90 年代中期以来，语篇分析教学法开始取代传统的词句操练法，成为日语笔译教材的主导方法。然而，日语教学在这一领域仍有提升空间。在日汉语言文化对比分析的基础上，采用不同文体和题材的语篇作为教学材料，进行系统操练，可以有效提升学习者的语境意识，增强他们的策略能力和查询能力等翻译技能。这种方法有助于学习者更全面地理解语言的使用，并在翻译实践中更准确地传达原文的意义和风格。

二、基于文化视角的日语翻译教学

（一）日语翻译教学存在的问题

1. 日语翻译水平的现状及原因

当前非日语专业学生的翻译能力存在一定的问题，从学期测试和日语等级考试的情况来看，不少学生在翻译部分表现不佳，存在交白卷、胡编乱造、篇章结构混乱、句子表达不清晰及词不达意等问题。这些问题严重影响了学生日语水平的整体表现。

形成这种状况的原因主要有两点：

日语教学中忽视翻译能力的培养：学生在学习日语的过程中，往往过分重视词汇和语法的学习，而教师在教学中也主要集中于这些语言点的讲解，忽视了学生应用能力，尤其是翻译能力的培养和提高。

翻译教学的应试目的明显：学生的日语学习往往以应试为主，关注点集中在日语等级考试上。虽然翻译是考试大纲中的一部分，但相关的题目数量有限，学生在平时很少投入时间和精力去学习和练习翻译。加之翻译测试在操作上存在难度，导致翻译教学在日语课堂中长期受到忽视，学生的翻译基础知识和技能训练不足，从而影响了翻译能力的提升。

2. 翻译教师队伍的现状和存在的问题

（1）师资队伍力量不足

尽管近年来许多高校成立了翻译学院或翻译系，但这并不直接意味着中国的翻译教学有了质的飞跃，也不等同于师资队伍的壮大。实际上，许多高校在传统上并未给予翻译教学足够的重视，导致翻译学科建设进展缓慢，这在全国范围内造成了翻译教学人才培养的不足。特别是翻译专业的硕士和博士毕业生相对较少，能够胜任翻译教学任务的教师更是稀缺，导致高校翻译师资严重不足。

一些学校中，翻译教师可能需要负责多个教学班，甚至在大班教学中面临课堂组织困难和繁重的作业批改任务。这种情况迫使一些学校让非翻译专业的教师承担翻译教学工作。随着越来越多的大学设立翻译专业、翻译系或翻译学院，甚至有院校将翻译提升为一级学科，翻译专业硕士的招生人数普遍较多，且呈逐年增长趋势，这进一步加剧了翻译教师的分配不均问题。更多具有翻译专业背景的教师倾向于从事硕士层面的教学，这使得本科层面，尤其是日语教学的翻译师资更显不足。

（2）师资队伍质量参差不齐

目前，翻译教师队伍面临的问题不仅仅是师资数量不足，还包括教师水平的参差不齐。翻译作为一种实践性极强的课程，要求教师不仅要掌握教学技能和积累教学经验，还要进行语言对比、文体学、文化与翻译关系等翻译研究工作，并积累翻译实践经验。这样，教师才能在教学中游刃有余，有效传授翻译技巧给学生，避免教学内容的表面化和学生的无目的练习。

然而，许多高校在培养翻译学硕士和博士时，往往过分强调理论水平和学术研究能力，而忽视了翻译实践能力和教学技能的培养。这导致一些毕业生虽然具备科研能力，但在实际翻译教学中表现不佳。此外，一些非翻译专业的教师由于师资短缺被迫教授翻译课程，他们缺乏必要的翻译知识和经验，同样难以胜任翻译教学。

长期以来，存在一种误解，认为学过日语的人就能做翻译，日语语言文学专业的毕业生就能教翻译，这导致高校忽视为这些教师提供在职翻译培训。结果，真正能够从事翻译教学并获得学生好评的教师数量有限。一些教师在翻译教学方面的经验实际上来自语法、词汇、精读、写作等课程，他们可能自认为对翻译教学有足够了解，但实际上对翻译理论、教学方法和最新实践经验的了解并不深入。

要解决这些问题，高校需要重视翻译教师的实践能力培养，提供在职培训和专业发展机会，同时在招聘翻译教师时，综合考虑候选人的翻译实践经验和教学技能，以确保翻译教学质量。

（二）文化翻译理论与日语翻译教学

随着中日两国交流的不断加深，市场对既精通专业知识又具备翻译能力的日语翻译人才的需求日益迫切。优秀的翻译人员成为紧缺资源，这对翻译人才的知识水平和业务能力提出了更高的要求。翻译不仅是日语教学中应培养的基本技能，也是学生应掌握的学习方法之一。高校日语翻译教育的基本任务是提升学生对日语的理解力和将日语翻译成汉语的表达能力，以培养出具有高水平翻译技能的人才。

培养高素质翻译人才是教学研究者必须深入考虑的问题。翻译教学不仅是对学生以往所学知识和能力的全面检验，更旨在实现学生语言运用能力，特别是翻译能力的质的飞跃。翻译不是一个孤立的学科，它具有系统性、完整性和科学性。翻译理论是翻译教学不可或缺的组成部分，国内翻译界学者对此已有明确共识。

学习翻译理论不仅能加深学生的理论基础，还能帮助他们理解翻译活动的基本规律，从而更快速、有效地提升翻译实践能力，实现高效率的学习成果。因此，翻译教学应当结合理论与实践，通过系统的教学方法和丰富的实践活动，培养学生的综合翻译能力，以满足社会对高素质翻译人才的需求。

1. 文化翻译理论的基本概念

文化翻译并不等同于翻译文化，虽然文化因素的处理在翻译理论与实践中占有重要地位。民族文化作为一个整体，既不需要也无法被完全"翻译"。翻译工作主要针对的是文字形式的文化产品，即文化的一部分。文化翻译作为翻译研究中的一个新概念，与传统翻译研究相比，后者主要关注文本间的转换，建立翻译模式和标准，关注的是一种"纯翻译"。而文化翻译研究的是实际的翻译活动，这种活动受到多种主观和客观因素的影响，是发生在两种具体文化之间的跨文化实践。

在翻译理论中，解析原作所含文化信息并将其有效传达是一项系统性课题。翻译时需要考虑的问题包括如何传递原作的文化元素，同时注意保持原作的文化特色和意义。克服文化差异的同时保留文化特色是翻译学中极具争议的问题，也是实践中极具挑战性的任务。这要求翻译者不仅要有深厚的语言功底，还要有跨文化交际的能力和对原作文化的深刻理解，以实现在不同文化背景下的有效沟通和文化交流。

2. 文化翻译理论在日语翻译教学中的运用

在日语翻译教学中，为了更有效地实现翻译目的，文化翻译理论提供了两种基本手法：异化和归化。这两种手法随着国际交流的加深，被越来越多的语言学家和翻译工作者从不同角度进行探讨和应用。

①归化法：归化是指将源语言的语言形式、习惯和文化传统转化为目标语言读者更熟悉和自然的形式。这种方法追求的是动态对等或功能对等，即在不牺牲原文意义和效果的前提下，使译文适应目标语言的文化和阅读习惯。归化的代表人物是奈达，强调翻译应消除语言和文化障碍，使目标语读者能够无障碍地接受译作。

②异化法：与归化相对，异化强调保留源语言的语言习惯和文化特色，在译文中突出"异国情调"。这种方法的目的是促进文化交流，让目标语言的读者理解和接受源语言的文化。异化的代表人物是韦努蒂，主张译者应将源语文化"移植"到目的语文化中，无须为了迎合目标语言读者而改变原文的文化意象。

在实际的日语翻译教学中，异化和归化并不是相互排斥的，而是可以根据不同情况和目的选择使用。这就要求教师在教学过程中，通过对翻译的各种因素进行细致的分析和比较，指导学生如何根据不同的文本特点和翻译目的，灵活运用异化或归化策略来处理文化差异，以实现最佳的翻译效果，促进不同文化之间的交流和理解。

3. 平衡适度的归化和适度的异化

适度的归化和异化在翻译实践中各有其优势和适用场景：

①适度归化的优势

有助于提高译文的可读性和流畅性，使目标语言读者能够更轻松地理解文本。

避免文化冲突，减少因文化差异带来的理解障碍。

但过度归化可能会牺牲原文的文化内涵和风格，导致译文失去原作的独特性。

②适度异化的优势

强调文化差异性，保留原文的民族特性和语言风格，为译文增添异国情调。

让目标语言读者直接感受源语言的文化和情感，增进对不同民族文化和语言传统的认识。

促进文化交流，丰富译文的表现力和语言多样性。

在翻译教学中，教师应指导学生认识到归化和异化并不是非此即彼的选择，而是根据翻译目的、文本类型、读者预期等因素灵活运用的策略。通过分析原文的文化和语言特点，以及目标语言的文化背景和读者需求，学生可以学会如何平衡归化和异化，以达到既忠实原文，又适应目标语言文化的翻译效果。这种平衡的实现，有助于培养翻译者的跨文化交际能力和创造性思维，使他们能够在不同的翻译场景中做出恰当的选择。

（三）日语翻译面对的语言文化差异问题

在跨文化交流中，翻译者的角色远不止于语言的转换者。他们还需要深入理解目标语言的文化特点和社会文化差异。翻译工作深受文化因素的影响，文化差异在翻译过程中起着决定性作用。

跨文化交际中的文化差异广泛存在，包括但不限于日常生活的各个方面，如饮食、居住、穿着、行为习惯，以及更深层次的意识形态、宗教信仰、价值观念、道德标准、思维方式、心理状态和社会习俗等。这些差异构成了跨文化交际的障碍，也是翻译工作中需要克服的难题。

因此，翻译工作者必须对这些文化差异给予足够的重视。他们需要培养跨文化意识，学习相关的文化知识，理解不同文化背景下的交流方式和表达习惯。只有这样，翻译工作者才能有效地促进跨文化交流，发挥好沟通双方的桥梁作用，确保信息传递的准确性和文化表达的适当性。忽视文化差异可能会导致误解或沟通失败，从而影响翻译的质量和效果。

1. 日语喜欢委婉暧昧的表达

中国人说话往往是直言不讳、单刀直入、非常爽快。而日本人则喜欢绕圈子，在表达上尽量避免使用过于直接、明确的表达，喜欢以婉转、暧昧的表达方式达到沟通的目的。

2. 男性用语、女性用语

在口语翻译中，性别差异是一个不可忽视的因素，尤其在日本这样性别角色相对分明的社会。日本女性的口语体通常被期望更加端庄和优美，这与日本的传统文化密切相关。在日本文化中，尽管现代社会已经有所变化，但传统的性别角色分工和女性较低的社会地位仍然对女性的语言使用产生影响，促使她们使用更加温柔和尊敬的语体。

性别在语言上的差异主要体现在以下几个方面：

敬语：女性可能更频繁地使用敬语，以表达对对方的尊重。

美化语：女性在口语中可能更多地使用美化语，使语言听起来更加柔和。

感叹词：女性可能更倾向于使用特定的感叹词来表达情感。

终助词：女性使用的终助词可能更加细腻，以传达不同的情感和态度。

助动词：女性可能使用不同的助动词形式，以适应不同的社交场合。

命令形：即使在需要使用命令形时，女性也可能采用更加委婉的表达方式。

在进行口语翻译时，翻译者需要对这些性别语言特点有所了解，并根据上下文和对话双方的社会关系适当调整翻译策略。如果忽视了这些差异，可能会导致翻译不准确，甚至在交际中产生误解或尴尬。因此，翻译者在翻译过程中应特别注意性别语言的差异，确保翻译既忠实于原文，又适应目标语言文化的特点。

（四）日语翻译教学中日汉文化的互动策略

1. 日语翻译教学中进行中日汉文化互动的必要性

中日两国的文化联系深远，确实可以说它们有着共同的起源。从历史角度来看，中日文化交流最早可以追溯到 3 世纪。自那时起，日本开始与中华文化紧密融合，积极吸收中华文化的精髓，并在此基础上发展出了自己的文字体系和独特的文化特色。

2. 日语翻译教学中日汉文化互动的具体方法

文化互动是跨文化交流中的核心议题，尤其在日汉文化的对比与融合中扮演着重要角色。在翻译教学中，我们对文化互动的重视需从多个维度展开，既要从宏观角度关注历史背景、文化传统、社会习俗、民族特色等宏大叙事，又要从微观层面深入剖析词汇、表达方式、隐喻意义等语言细节。具体而言，文化互动的教学策略可归纳为以下几种方法：

注重背景知识的文化互动法：在翻译教学中，教师应引导学生深入理解原文所在的文化环境，包括历史事件、社会制度、宗教信仰、节日庆典等，以便更准确地把握文本的深层含义。例如，解释日本传统节日"七夕"与牛郎织女传说的关系，或中国春节习俗背后的历史渊源，都有助于学生在翻译时做出更为贴切的表达。

启发法：通过提问和引导性讨论，激发学生主动探索文化差异的好奇心。例如，对比日本和中国关于"面子"的概念，讨论其在社交场合中的表现形式和重要性，鼓励学生思考跨文化交际中的微妙差异。

阐述法：详细讲解特定文化概念或表达的来源和演变，帮助学生理解其在当代社会中的应用。例如，阐述"武士道"精神在日本历史中的地位，以及它如何影响现代日本人的价值观和行为准则。

直观解释法：利用图片、视频、实物等直观材料，使抽象的文化概念具象化，帮助学生直观感受文化差异。例如，展示日本茶道仪式的视频，让学生亲身体验其背后的礼仪规范和美学追求，或通过中国传统书法作品，讲解汉字的美学价值和文化象征。

通过这些方法，学生不仅能够提高翻译技巧，还能培养跨文化交际的能力，增进对不同文化的理解和尊重，为今后在多元文化环境中工作和生活打下坚实的基础。文化互动教学强调的不仅是语言转换，更是文化桥梁的搭建，旨在促进不同文化背景下的有效沟通与和谐共处。

第五章

翻转课堂在日语教学中的实践应用

第一节　翻转课堂的基本认知

一、翻转课堂研究的必要性

在全球经济与社会变革的浪潮中，信息化的发展占据了举足轻重的地位，极大地推动了现代化进程，成为衡量国家和地区发展水平的关键指标。随着信息技术的迅猛演进，特别是在多媒体技术日益普及的背景下，教育领域涌现出了一系列革新性的教学模式，其中翻转课堂教学模式以其颠覆性的特质，成为适应时代需求的前沿实践。

传统教育体系中，教学活动往往以教师为中心，强调"教"的过程，而翻转课堂则彻底扭转了这一格局，将学生置于学习的主导位置，强调"学"的主动性。在信息化时代，传统教育方式已难以满足现代学生的需求，教学成效亦难以匹配社会发展的速度。伴随现代教学媒体技术的兴起，诸如"微课""翻转课堂"等新兴教学形式应运而生，特别是在外语教学领域，这些模式的应用取得了显著成果。

当前，高等教育的课堂教学正经历深刻变革，从"以教为中心"向"以学为中心"的理念转变成为改革的焦点。翻转课堂模式完美诠释了以学生为主体的理念，鼓励学生主动探索知识，是我国教育转型的重要方向。不过，我国在翻转课堂领域的探索尚处于初级阶段，起步时间较晚，在过去的四五年内，理论研究和实践探索均处于摸索期，基础相对薄弱。

国内关于翻转课堂的研究多聚焦于文献综述与理论总结，对海外翻转课堂模式进行了详细介绍，包括其教学流程与评价，但针对我国教育环境下的实证研究相对匮乏，尤其是基于实践的深入研究更是稀缺，表明我国在这一领域的探索仍处于起步阶段，未来需要更多基于本土情境的创新实践与理论深化，以推动翻转课堂模式在我国教育体系中的有效应用与推广。

二、翻转课堂的相关认知

（一）翻转课堂的理论依据

1. 掌握学习理论

（1）掌握学习理论的概念

掌握学习理论，由美国著名教育家和心理学家本杰明·布卢姆于20世纪60年代末提出，其核心理念在于应对学生个体差异，确保每位学生都能达到相同的学习目标。布卢姆主张，教学不应仅仅依据固定的教学进度来衡量所有学生，而是应当调整教学策略，根据每位学生的学习需求和进度提供个性化指导，从而使所有学生都能达到高标准的学习成就。

根据布卢姆的理论，教师应识别并解决学生在学习过程中遇到的障碍，为遇到困难的学生提供额外的支持和辅导，直到他们掌握了所需的知识和技能。这意味着，教学的重点应当从"教了多少"转变为"学生学到了多少"，强调学习的质而非量。布卢姆坚信，通过给予充足的时间、适当的指导和个别化的帮助，绝大多数学生都能够掌握课程内容，达到预期的学习目标。

该理论反对传统的精英教育观念，即只有少数学生能够取得卓越的成绩。布卢姆认为，学生之间的学习成绩差异主要源于他们投入学习的时间和理解速度的不同，而非智力上的根本差异。通过个性化教学和充分的支持，那些学习速度较慢的学生同样能够达到与成绩优异学生同等的学业水平，从而缩小成绩差距，实现教育公平。

掌握学习理论提倡一种以学生为中心、注重个性化教学和持续评估的教学方法，旨在确保每位学生都能克服学习障碍，实现其最大潜能，最终达到教育的普遍成功。这种理论在当今教育实践中得到了广泛应用，特别是在差异化教学、补救教育和个性化学习路径设计中，成为促进学生全面发展的有力工具。

（2）掌握学习理论的形式

掌握学习理念强调为学生提供额外的教学支持，以确保他们能够达到既定的学习目标。这种教学模式可以在正常课堂之外进行，如课后、课间或放学后，目的是为那些在课堂上未能理解或达到要求的学生提供补充性教学。

一种实施掌握学习的形式是根据学生的掌握情况灵活调整教学时间，为需要额外帮助的学生提供矫正性教学，同时为其他学生提供扩展性作业，以满足不同学生的学习需求。

翻转课堂是一种能够促进掌握学习的教学模式，它利用信息技术支持个性化学习。学生可以根据自己的节奏和时间安排，在课前通过视频等材料进行自学。这种方式允许学生根据自己的理解能力自主学习，对于容易理解的部分可以快速浏览，而对于难以掌握的部分则可以反复观看和复习，甚至做笔记和记录问题。

在课堂上，教师通过形成性评估及时发现学生的问题，并提供有针对性的矫正性辅导，以帮助学生掌握知识。这种模式鼓励师生互动和学生之间的讨论，使课堂活动更加有针对性和有效，从而提高学生的学习积极性和自主学习能力，确保学习质量。通过这种方式，教师能够根据学生的个别情况采取不同的教学策略，确保每个学生都能达到学习目标。

2. 人本主义理论

人本主义教学理念强调教学是一种建立在相互尊重基础上的互动过程，倡导在师生之间、学生之间形成平等、民主、互利的关系，以及情感上的相互认同和理解。

这种理念着重于学生的自主学习，鼓励学生自己建构知识，并通过合作学习来提升能力。它以人为本，关注学生的自我发展，挖掘创造潜能，并重视情感教育的重要性。

人本主义理论认识到学生的个别差异性，认为每个学生都有自己独特的思考方式和学习需求，即使是使用相同的教材和教学资源，传达给每个学生的知识也可能有所不同。因此，教育应当尊重每个学生的个体性，理解学生之间的差异，并实施因材施教。

在教学中，以学生为中心，一切教学活动都旨在促进学生的全面发展，帮助学生成为具有独立思考能力的个体。

翻转课堂模式与这种人本主义教学观念相契合，它将学生置于学习过程的中心。学生在课后通过观看教师提供的视频和遵循学习方案自主学习，而在课堂上，师生和学生之间通过讨论和交流来深化理解，教师则针对重点和难点提供解答。这种模式实现了差异化学习，强调学生的自我发展，教师扮演着助学者的角色，支持学生的个性化学习需求。

（二）翻转课堂的概念

1. 翻转课堂的内涵

翻转课堂是一种新兴的教学模式，它重新定义了传统的教学流程，将知识的传授和内化过程颠倒。这种模式主要分为两个阶段：课前和课中。

课前阶段：教师团队制定学习方案并制作教学视频，通过网络平台提前提供给学生。这些材料通常包括音频、视频和详细的学习任务单，旨在促进学生的自主学习，鼓励学生之间的交流和问题解决，实现知识的初步传递。

课中阶段：在课堂上，学生通过小组讨论和交流来完成知识的内化。教师通过测试和其他形式及时了解学生的学习情况，对学生遇到的难题提供及时有效的辅导。学生也可以在小组内先行讨论，尝试解答彼此的问题。如果小组内无法解决问题，学生可以带到课堂上与更多同学讨论，必要时请求教师的帮助。最后，教师会布置作业，当堂完成并进行评价。

通过这一过程，翻转课堂形成了一种终极性评价，确保学生对知识的深入理解和掌握。与传统教学模式相比，翻转课堂中师生角色发生了转变：教师从知识的传授者转变为学习过程的协助者和辅导者，而学生则从被动接受者变为主动学习者。这种模式强调学生的自主权，使他们能够明确学习目标，掌握学习节奏，并内化所学知识，成为课堂的主导者，而不是被动的知识接受者。

2. 翻转课堂教学模式的特点

翻转课堂作为一种新兴的教学模式，彻底改变了传统的教学流程，将知识的传授和吸收过程颠倒过来，以适应现代学习者的需求和信息化时代的特点。在传统模式中，教师在课堂上扮演着知识传播者的角色，而学生则被动地接受知识，随后在课后通过作业来巩固所学。然而，翻转课堂将这一过程反转，学生在课前通过教师提供的在线资源，如教学视频和学习指南，预先学习课程内容，而课堂时间则用于深化理解、讨论和解决问题。

以下是翻转课堂相较于传统教学模式的四大显著特点：

教学流程的颠倒：在翻转课堂中，知识的初次接触和吸收发生在课外，学生通过在线资源自学，课堂时间则用于讨论、互动和解答疑惑，确保学生能够充分理解和应用所学知识。

师生角色的转变：教师从传统的知识灌输者变为指导者和参与者，而学生则从被动听众转变为积极的参与者和探索者，课堂上师生之间的互动和合作大大增强。

课堂时间的重新分配：翻转课堂中，课堂时间主要用于高级认知活动，如批判性思考、问题解决和创新，而教师讲授的时间减少，学生自主学习的时间增加，这使得课堂成为知识深化和应用的场所。

学习资源的多样化：在翻转课堂中，学生可以通过在线视频、互动软件等多媒体资源进行学习，这些资源可以反复观看，学生可以根据自己的学习节奏和需要进行暂停、回放，从而更好地掌握知识，避免了传统课堂中可能存在的信息遗漏或误解。

翻转课堂模式的成功实施，关键在于教师如何设计和组织课堂活动，确保课堂时间的有效利用，以及如何提供高质量的学习资源，支持学生在课外的自主学习。通过这些变革，翻转课堂不仅提升了学生的学习效率和参与度，还促进了个性化学习，使每个学生都能在适合自己的节奏下掌握知识，实现真正的学习目标。

（三）翻转课堂的优点

1. 有助于学生自己掌控学习进度

在翻转课堂教学模式下，学生获得了前所未有的自主学习空间，能够根据个人的学习节奏和理解能力灵活安排学习进度，不再受限于统一的教学节奏，学生可以自由选择何时何地观看教学视频，这为分层次学习提供了可能。对于掌握较快的学生，他们可以选择快速浏览或跳过已熟悉的部分，而对于理解较慢的学生，他们拥有足够的时间反复观看难以理解的片段，直至完全掌握。

观看视频时，学生可以根据自己的需要调节播放速度，对理解透彻的内容进行快进，对困惑不解的部分进行暂停或回放，确保每一个知识点都能被充分吸收。此外，学生在观看视频时可以边看边做笔记，记录下关键信息或疑问点，这有助于加深记忆和理解。遇到难题时，学生可以利用在线聊天工具与同学即时交流，共同探讨解决方案，或者通过在线测试平台向教师反馈问题，寻求个性化的指导和解答。

这种模式下的学习不仅提升了学生的学习效率，还增强了他们的学习动力和责任感，因为他们意识到自己是学习过程的主人，能够根据自己的需求订制学习计划，这在很大程度上激发了学生主动探索和解决问题的兴趣。翻转课堂通过提供这种灵活、自主的学习环境，帮助学生建立起终身学习的习惯，为他们未来的学习和职业生涯奠定了坚实的基础。

2. 有助于学生整体素质的提高

我国当前大力推行的素质教育，核心在于全面提升学生的综合素质，强调个性化教育，以及创新和自主学习能力的培养。翻转课堂模式正契合了这一教育理念，其目标是塑造全面发展的人才，不仅限于知识的传授，更着眼于学生整体学习能力的提升。在翻转课堂中，学生被鼓励在没有教师直接指导的情况下，通过观看教学视频、阅读资料等自主学习方式，独立理解新知识，这有效锻炼了学生的自学和理解能力。

此外，翻转课堂鼓励学生面对问题时，能够主动与同伴协作，共同探讨解决方案，这不仅促进了团队合作精神，还增强了学生的沟通和协调能力。在课堂上，教师会引导学生发现并提出问题，激发学生的好奇心和探究欲，培养批判性思维和创新能力，使学生学会如何学习，而不仅仅是学习什么。

翻转课堂还带来了教学内容的丰富和知识量的扩展，通过多媒体资源和在线平台，学生能够接触到更多元、更广泛的知识领域，不仅限于课本知识，还包括实时更新的行业资讯、前沿科技进展等，这极大地拓宽了学生的视野，促进了跨学科知识的融合，对提升学生的综合素质起到了显著作用。

总而言之，翻转课堂模式通过其独特的教学理念和实践，为学生提供了更加个性化、自主化和合作化的学习环境，不仅促进了学生知识技能的掌握，还激发了他们的创造力、好奇心和终身学习的热情，为培养新时代所需的全面人才奠定了坚实的基础。

3. 有助于"教"与"学"的相辅相成

翻转课堂的精髓在于从传统的以"教"为中心转变为以"学"为中心，这一转变的核心是学生从被动学习者转变为积极主动的学习者。在传统的"教"模式下，教师是知识的主要来源，学生被动地接收信息，往往缺乏主动参与和深度思考的机会。而在翻转课堂中，"学"的模式把学生放在了学习过程的中心，要求学生在课前通过观看视频、阅读资料等方式主动接触新知识，并在此基础上进行思考和准备，这标志着从被动接受向主动探索的重大转变。

在"学"的模式下，学生不仅需要观看视频，更重要的是在观看过程中进行思考，与同伴分享观点，讨论问题，这要求学生具备批判性思维和解决问题的能力，而非仅仅是知识的被动接受者。课前的自主学习给予了学生充分的时间和空间去思考和探究，鼓励他们提出问题、寻求答案，从而培养独立思考和创新精神。

此外，翻转课堂强调课前学习的重要性，学生可以利用这段自由时间进行深度学习，包括对知识的记忆、理解、分析、应用等多个层次的认知活动。这种模式将学生的行为从单一的听讲转变为集记忆、理解、思考、应用于一体的综合性学习过程，促进了学生认知能力的全面发展，使他们在知识的获取、处理和应用上变得更加熟练和自信。

翻转课堂通过将"教"转变为"学"，实现了学生从被动到主动的根本转变，促进了学生思考能力、创新能力和终身学习能力的培养，为学生提供了更加丰富和有效的学习体验，助力其成为具备全面素质和竞争力的现代人才。

（四）翻转课堂教学模式的优点

翻转课堂教学模式的引入，确实对传统的教学方式产生了深远的影响，其优势主要体现在师生关系的改善、学生学习主动性的增强及课堂教学互动性的增加三个方面：

1. 师生关系的改善：在翻转课堂中，教师不再是遥不可及的知识权威，而是走下讲台，成为学生身边的指导者和支持者。这种亲近感的建立，有助于消除学生对老师的畏惧心理，鼓励学生更开放地提问和表达意见。良好的师生关系促进了教学的双向交流，营造了更加民主和平等的学习氛围。

2. 学生学习主动性的增强：翻转课堂模式下，学生不再局限于被动地听课，而是成为学习过程的主导者。课后，学生可以利用网络资源自主安排学习时间、地点和进度，遇到难题时，他们可以主动寻求同伴或教师的帮助，这种主动探究知识的方式，不仅提高了学习效率，也培养了学生的独立思考和解决问题的能力。

3. 课堂教学互动性的增加：翻转课堂让课堂时间从传统的知识灌输转变为学生间的互动讨论和教师的个性化指导。学生带着课前学习中产生的疑问来到课堂，积极参与讨论，与同学和教师进行思想碰撞，这种活跃的课堂氛围激发了学生的语言实践欲望，鼓励他们勇于开口，不怕犯错，这对于语言学习尤为重要，有助于避免"哑巴外语"的现象，促进语言技能的综合发展。

翻转课堂模式通过重塑师生关系、激活学生学习动力和优化课堂教学互动，为学生创造了更加开放、自主和互动的学习环境，有效地提升了教学质量和学习效果。

第二节　翻转课堂在日语教学中的意义与实践

一、日语教学导入翻转课堂的意义

（一）日语专业教学现存的问题

我国东北地区作为日语教学的重要基地，众多高校设立了日语专业，但面临诸多挑战，尤其是在学生背景、语言环境构建、课程整合与学生自律性方面。日语专业学生通常在大学阶段才开始系统学习，与英语等从小学阶段就开始接触的语言学习有所不同，加之少数有日语基础的学生与初学者混编，导致教学进度难以兼顾所有学生。在传统课堂上，这种差异往往导致部分学生感觉进度过慢，而另一些学生则可能感到吃力。

为解决这一问题，一些高校采取了分级教学的策略，按学生的学习能力和进度重新分班，但这并未从根本上解决语言环境构建和课程内容整合的问题。日语学习高度依赖语言环境，但在课堂上，教师往往需要花费大量时间讲解单词和语法，限制了日语的实际使用，难以保证每位学生都能及时练习和纠正错误。此外，如果教师全程使用日语授课，可能导致学生理解困难，影响学习效果。

课程内容的孤立性和教材的不一致性进一步加剧了学习负担，学生在不同课程中反复学习相似的单词和语法，降低了课堂时间的利用效率。日语学习还涉及对日本文化的深入理解，但由于课程内容的孤立性，学生难以将文化学习与语言学习有效结合，导致学习效果不佳。

外语学习需要长时间的积累，但现代学生课余生活丰富，课后学习时间有限，电子设备的普及也分散了学生的注意力。尽管一些学校尝试实行无手机课堂，但学生可能通过其他方式逃避课堂参与，这揭示了教学模式深层次的问题。

采用翻转课堂模式能够有效缓解上述问题。在这种模式下，学生在课前通过在线资源自主学习基础知识，课堂时间则用于讨论、答疑和实践，这既满足了不同学习水平学生的需求，又提高了语言实践的机会。翻转课堂还能促进课程内容的整合，减少重复学习，同时鼓励学生利用课余时间进行自主学习，增强学习自律性，从而提升学习效果和兴趣。翻转课堂模式为解决日语专业教学中的挑战提供了一条可行路径，有助于学生在语言和文化方面获得更全面的发展。

（二）翻转课堂在日语教学中应用的优势

翻转课堂，作为教育领域的一项创新，其核心理念在于重新规划课堂内外的学习活动，将学习的主动权交还给学生。在这一模式下，学生需在课前通过观看教师精心准备的微课视频、阅读相关资料等，自主完成对新知识的初步接触与理解。这要求学生具备一定的自我规划与管理能力，而教师的角色则转向了引导者与协作者，通过设计实践性任务和活动，帮助学生深化理解、巩固知识。

课堂时间被重新定义，从知识传递的主阵地转变为师生互动、知识应用和技能提升的平台。教师与学生共同探讨问题，学生有机会将所学知识应用于实践，通过解决实际问题来验证和拓展理论知识，从而实现更深层次的学习。这种模式下的教学流程，从传统的"教师教+学生课后学"转变为"学生课前学+教师课堂引导+学生实践深化"，突出了学生在学习过程中的主体地位。

翻转课堂在以下几个方面展现出其相对于传统课堂的独特优势：

1. 增强实践性：课堂成为实践与互动的空间，学生有更多机会运用所学知识，解决实际问题，这不仅能提高学习的参与度，还有助于培养学生的应用能力和创新思维。

2. 培养主观能动性：学生需要主动规划学习路径，这锻炼了他们的自主学习能力和时间管理技巧，有助于形成终身学习的习惯。

3. 提高学习兴趣：通过与同伴合作解决问题，学生能在实践中发现学习的乐趣，增强团队协作意识和沟通能力。

4. 适应个体差异：学生可以根据自身学习速度和风格进行个性化学习，有助于缩小学习水平的差距，实现差异化教学。

5. 多元化评价体系：评价方式从单一的期末考试转向过程性评价，包括学生自评、互评和教师评价，这有助于学生全面认识自己的学习过程和成果，促进语言应用能力的提升。

在大学日语专业的"中级日语"课程中引入翻转课堂模式，能够有效提升学生的语言综合运用能力，促进其在听说读写译各方面均衡发展，为突破现有日语教学瓶颈提供了新的思路和方法。通过翻转课堂，学生不仅能够掌握语言知识，还能在文化理解和跨文化交际能力上有所突破，为将来从事涉外工作或深造打下坚实基础。

（三）翻转课堂导入日语教学的可行性

在高校日语专业教学中实施翻转课堂模式的可行性主要体现在教师、学生和教学环境三个关键维度上，这三个方面构成了推动翻转课堂成功实施的坚实基础。

1. 教师层面：高校日语教师队伍呈现出年轻化趋势，这部分教师群体通常具备强烈的创新意识，乐于接纳新技术和新教学理念，愿意尝试并探索如翻转课堂等创新教学模式。他们通常具备良好的信息技术素养，能够熟练运用多媒体和网络资源来设计和实施教学活动，这为翻转课堂的实施提供了师资保障。

2. 学生层面：大学生群体通常具备较强的自主学习意愿和自我管理能力，这与翻转课堂模式的要求高度契合。学生能够主动承担课前学习的责任，通过在线资源进行自主预习，为课堂上的深度学习和实践做好准备。此外，大学生正处于积极探索自我、敢于展示个人见解的年龄阶段，这有助于他们在课堂上积极参与讨论和实践活动，提高语言应用能力。

3. 教学环境层面：随着互联网技术的普及和智能设备的广泛应用，高校学生几乎都能便捷地访问网络学习资源，为翻转课堂模式的实施提供了必要的硬件条件。同时，丰富的日语在线学习资源和专门设计的学习平台，如慕课、微课及各类语言学习软件，为学生提供了多样化的学习材料和互动工具，使个性化学习和协作学习成为可能。

高校日语专业教学中引入翻转课堂模式具有切实的可行性，它不仅能够充分利用教师的专业技能和学生的自主学习能力，还能借助现代信息技术和丰富的网络资源，为学生创造更加生动、高效和个性化的学习体验，从而显著提升教学质量和学生的学习成效。

（四）翻转课堂导入日语教学的原则

在高校日语教学中导入翻转课堂，必须遵循一套严谨的原则，以确保教学模式的顺利过渡和教学质量的提升。以下是一系列指导原则，旨在促进翻转课堂的有效实施：

1. 整合设计原则：改革不应仅限于单一课程，而应从课程设置、教学内容、教学计划乃至人才培养方案的宏观视角出发，系统性地考量哪些课程适合翻转，以及如何合理安排课时，确保整个教学体系的连贯性和有效性。

2. 以教材为中心的原则：教师在设计翻转课堂活动时，应紧密围绕教材内容，充分考虑课程目标、学生基础、知识点间的逻辑关系及学科特性，重点针对教材中的核心概念和难点进行讲解，确保知识传授的系统性和实践指导的针对性。

3. 互动性与针对性相结合的原则：教学策略应兼顾互动性和个性化指导。教师需根据教学内容和学生特点，设计促进学生间、师生间有效沟通的活动，同时根据不同学生的学习水平，提供差异化的指导和支持，确保每位学生都能在适合自己的水平上取得进步。

4. 合理设计课前学习资源的原则：课前学习资源的开发应紧扣教学目标，包括清晰的学习任务说明、基于教材的详尽知识点讲解，以及配套的语言练习和自我测试题。这些资源应引导学生进行有目的的学习，鼓励他们主动发现问题并尝试解决问题，从而为课堂上的深入探讨奠定基础。

5. 综合化、多样化考核成绩的原则：考核机制应从侧重知识记忆转向语言应用能力的评估，通过自评、互评和教师评价等多元评价方式，全面考察学生的课堂参与度、团队协作能力、问题解决技巧及语言实践水平，以此激励学生注重实践和技能的培养。

遵循这些原则，高校日语教学中的翻转课堂模式将更加科学、系统，不仅能提升学生的学习效率和语言应用能力，还能促进教师教学方法的创新，最终实现教学相长，提升整体教学质量。

（五）大学日语教学中传统课堂发生的转变

过去，大学日语教学的传统模式往往局限在教师单向讲授，学生被动接受的框架内，这种教学方式忽略了多媒体资源的利用，缺乏互动性和实践性，导致学生对书本知识的理解停留在表面，难以激发学习兴趣，且自主学习的时间和空间有限。此外，过分依赖死记硬背的学习策略虽然可能帮助学生通过考试，但却未能培养学生的实际应用能力和跨文化交际能力，长此以往，学生可能会产生厌学情绪。

然而，近年来随着信息技术的飞速发展，大学日语教学正在经历一场深刻的变革。以《日本商务礼仪》课程为例，这门课程结合了理论与实践，旨在教授学生相关的商务礼仪知识，同时检验他们日语综合运用的能力，增进对日本文化的理解。课程的理论部分以日语作为载体，扩展学生在商务礼仪领域的词汇量，传授商务礼仪知识；而实践部分则通过模拟演练，促使学生将日语语言基础知识灵活运用到具体情境中，掌握日本商务礼仪规范，培养在商务场合下熟练运用礼仪的技能。

这一课程设计体现了教学模式的创新，它打破了传统课堂的局限，充分利用多媒体资源，如影音视频，增加课堂的趣味性和互动性，鼓励学生参与，从而提高学习效果。同时，它强调语言的实际应用，让学生在模拟的真实场景中练习，这不仅加深了学生对语言和文化知识的理解，也提升了跨文化交流的能力。这样的教学模式改革，正逐步改变大学日语教学的面貌，使学生从被动接受者转变为积极参与者，从单一知识的学习者转变为具备实践能力和创新思维的复合型人才。

（六）翻转课堂导入日语教学的价值与作用

1. 翻转课堂导入日语教学的价值

翻转课堂与传统日语教学模式相比，确实带来了显著的变化，不仅在教师和学生角色定位上，而且在教学形式和内容上也进行了革新。

在传统日语教学中，教师是知识的权威，主要职责是传授知识，而学生则处于被动接受的位置，这种模式可能忽视了学生的个体差异，导致部分学生无法跟上教学节奏。而在翻转课堂中，教师的角色转变为引导者和辅助者，他们设计学习资源，引导学生自主学习，而学生则成为课堂的中心，主动参与知识的探索和讨论。这种角色转换鼓励学生根据自身节奏进行学习，提升了学习的自主性和效率。

翻转课堂的教学形式也与传统模式截然不同。学生不再局限于课堂听讲，而是可以在课外通过观看教学视频、阅读资料等方式自主学习，这不仅打破了时间和空间的限制，也增强了学习的灵活性和个性化。课堂时间则主要用于深化理解、解决疑问、团队讨论和实践操作，这种形式促进了师生间和学生间的互动，提高了教学的互动性和实用性。

翻转课堂还提升了课堂教学的效率和质量。由于学生在课前已经完成了基础知识的学习，课堂上教师可以专注于解答学生的疑问，进行深度解析，组织实践活动，这样不仅增加了知识的深度，也提高了学生的参与度和兴趣，使课堂成为知识内化和能力提升的关键场所。

总的来说，翻转课堂在日语教学中的应用，不仅提升了学生的学习主动性和效率，还优化了课堂教学结构，为学生提供了更加个性化和高效的学习体验，是现代教育理念和实践的重要组成部分。

2. 翻转课堂导入日语教学的作用

如今，翻转课堂已被正式应用到高校的日语课堂教学中，通过一段时间的实践，学生对日语学习的热情高涨，并产生了巨大的兴趣，这是一个良好的开端。

（1）缩小学生间的差距

在班级教学中，学生的成绩存在差异是一种常见现象。翻转课堂作为一种创新的教学模式，为解决这一问题提供了有效途径。

个性化学习：翻转课堂允许学生在课后根据自己的兴趣和需求进行自主学习，这有助于激发学生的学习动力，特别是对于那些成绩较低、可能对日语学习失去兴趣的学生。

课后复习：对于理解能力较弱的学生，课后可以反复观看教学视频，加深对知识点的理解。

互助学习：学生可以将自己不懂的知识点记录下来，并向成绩较好的同学寻求帮助，通过讨论和解答，共同克服学习难点。

提升学习能力：通过这种方式，学生不仅能提高自己的日语水平，还能培养解决问题的能力和自主学习的能力。

缩小成绩差距：翻转课堂有助于缩小学生之间的成绩差距，让所有学生都能在适合自己的节奏下取得进步。

共同进步：翻转课堂鼓励学生之间的合作和交流，促进共同发展和进步。

课堂效率提升：课堂上，教师可以利用节省出来的时间进行更深入的讲解、讨论和实践活动，提高课堂效率。

教师角色转变：在翻转课堂模式下，教师的角色从传统的讲授者转变为学习过程的指导者和促进者，更加关注学生的个性化需求和发展。

通过翻转课堂，高校日语教学能够更好地适应学生的个性化需求，提高教学质量，促进所有学生的全面发展。

（2）提高学生学习的主动性

翻转课堂模式的核心优势在于其以学生为中心的教学理念，这一模式鼓励学生在自主学习和体验式学习中成长，使他们能够主动发现和纠正学习中的问题，不断精进语言技能。在日语教学中，这一优势尤为明显，能够有效激发学生的学习兴趣和动力，促进其语言水平的持续提升。

例如，考虑到当代大学生对流行文化和时尚的浓厚兴趣，教师可以巧妙地将中国的流行语翻译成日语，与学生进行互动交流，这不仅能够让学生在轻松愉快的氛围中学习日语，还能增强其跨文化交际能力，让他们体会到学习日语的乐趣。此外，鼓励学生在课前用日语讲故事或哼唱歌曲，不仅能提高学生的口语表达能力，还能增强他们对日语文化的理解和兴趣，营造积极向上的学习氛围。

在课堂中，通过分组对话和情境模拟的训练，学生能够在模拟的真实场景中实践日语，这种互动性极强的学习方式能够帮助学生在实践中找到自己的弱点，比如发音、语法或是词汇运用上的不足，从而有针对性地进行改进。同时，小组合作的形式还能促进学生之间的交流与合作，培养团队精神和社交技巧，使学生在提升语言技能的同时，也能增强人际交往能力。

翻转课堂模式通过一系列创新的教学策略，不仅提升了日语教学的效果，还激发了学生的学习兴趣和主动性，使他们能够在享受学习乐趣的同时，不断提高自己的语言水平和综合能力。

（3）活跃课堂氛围

翻转课堂模式摒弃了传统的填鸭式教学，鼓励学生自主和有意识地掌握日语知识。教师在课堂上扮演引导者的角色，当班级气氛低落时，教师可以通过播放日本视频、分享日本新闻等方法来活跃课堂气氛，帮助学生在轻松愉悦的环境中学习。此外，教师还可以组织游戏活动，如撕名牌、谁是卧底等，让学生在游戏中使用日语交流，这不仅能够激发学生的学习热情，增强他们对日语学习的信心，还能有效提升课堂的活跃度，实现教学效果的优化。

（七）翻转课堂在日语教学中存在的不足

1. 缺乏优质课前学习资源

作为翻转课堂的开展基础，学习资源的质量及数量非常重要。目前，可供学生参考的日语教学资源较少，多为网络上有限的电子资料及视频，且不能与教材实现完全匹配，影响了教学效果。

2. 师资队伍综合能力亟待提高

作为翻转课堂的设计者，教师需要在课前精心设计学生的自主学习环节和指导方案，并制作相应的学习资源包。在课堂上，教师还需组织和管理实践活动，及时解决学生在实践中遇到的问题，并负责统计学生的学习信息。这些任务对教师的专业能力和管理能力提出了较高的要求，同时也对教师在计算机及软件应用方面提出了挑战。

鉴于目前我国日语专业教师多为年轻人，他们在教学经验和专业能力方面可能相对不足，加之多为文科背景，对计算机和视频制作软件等新型教学辅助工具的应用不够熟练。面对这些挑战，教师需要更新传统教学观念，通过参加培训、学习借鉴等方式，提升自己的专业水平和课堂组织能力，并培养计算机和软件操作能力。

3. 自主性差的学生不适应新型教学模式

研究者通过问卷调查发现，自主学习能力较弱的学生对翻转课堂的接受度不高，他们不适应这种新型教学模式。这些学生已经习惯了传统的"填鸭式教学"，依赖教师的引导，不愿意在课前自主学习，导致无法完成学习任务，影响了他们在课堂上的参与度，进而导致成绩下降和学习热情的减退。这一现象的出现，对教师提出了新的挑战，要求教师在教学实践中对这些学生进行更有针对性的监督和指导，以帮助他们适应翻转课堂的教学模式。

二、翻转课堂应用于日语教学的实践

（一）日语教学过程中翻转课堂的应用

1. 课前设计

翻转课堂的课前学习设计是教学模式成功的关键，因此，教师需要根据教材内容和教学目标，设计出与课程相匹配的教学内容和活动。这可以通过课前学习表的形式实现，将每课的重点、难点和学习方法归纳后分发给学生，指导他们通过教科书、课件和教学视频进行自主学习，同时鼓励学生进行自主总结，以提高他们的参与度和学习主动性。

视频制作可以采用微课视频的形式，先从部分单元或课程开始，逐步扩展到整个课程的教学资源建设，形成系统化的课程内容。课程组可以组建教师团队，深入研究并讨论，制定出最佳的学习方案和教学视频，明确教学目标和学生的学习目标，设计出适合学生的学习方案。通过几轮实施后，遵循 PDCA 循环，不断修改和完善，形成课程资源。

课前视频的设计应避免过长，要直接有效地传达教学单元的重点和难点。为了提高学生的观看兴趣，视频应具有趣味性和吸引力。为确保学生在观看视频时能够积极参与思考，教师可以在视频中设置小陷阱，如适时提问，要求学生回答后视频才能继续播放。

学生在课前应下载教师发布的教学视频和课件文档，观看视频进行提前学习，并根据自身情况有节奏地学习。理解能力强的学生可以一次性观看，而理解能力较弱的学生可以暂停或反复观看视频，遇到不懂的地方可以随时记下来，并与小组成员讨论，互相解决问题，最后以小组为单位汇总问题。

2. 课前学习指导

在翻转课堂模式中，提高学生的课前学习效果是至关重要的，尤其是考虑到学生普遍习惯于被动学习，主动性不高。要指导学生更好地进行课前学习，教师首先需要教会他们如何认真倾听视频内容，因为学生的倾听能力直接影响教学效果。

此外，教师应引导学生进行深度思考和及时记录，鼓励他们学会反思。例如，如果学生在实际应用中发现自己无法使用所学的语法，教师应引导他们思考问题的原因，是当时没有真正理解，还是因为没有适当的语言环境。

为了让学生对自己的学习效果有更深入的了解，并培养他们的观察和分析能力，教师需要采取一些措施。在翻转课堂中，学生是学习的主体，因此除了认真倾听教师的讲解外，学生还需要学会协作学习。这可以通过将学生分成小组，选定组长，并进行知识的讨论和概括来实现。学生应该学会倾听同学的提问和解答，积极参与同学间的交流。

通过小组学习，学生可以互相讨论问题，这有助于他们更容易掌握和理解所学的知识。教师的角色是引导和促进这一过程，确保学生能够在翻转课堂中充分发挥主动性和主体性。

3. 课堂教学

翻转课堂模式下，学生在课前已经自主学习了语法知识，因此课堂时间可以更有效地用于验证学习效果和促进知识的内化吸收。教师作为课堂的辅助者，需要组织一种互动性强的课堂环境，调控课堂节奏，并根据学生的能力水平进行小组分配，引导小组间的互相学习。

当小组讨论遇到难题时，教师应及时介入，分别指导各组，采用鼓励式教育激发学生的学习积极性。教师需要认真倾听、仔细观察学生的讨论情况，答疑解问，并监督学生避免与课堂无关的行为。

由于学生的学习能力、理解能力和看问题的角度不同，其对事物的理解会有偏差，导致学生之间存在不平衡。教师需要在课后针对学生观看视频的情况，解答他们提出的问题。

课后，教师可以组织单元小测验，如单词和语法造句应用，以检测学生的自主学习效果，然后，以小组为单位让学生交流对知识的理解。教师不是站在讲台上，而是走下讲台，走进学生的讨论中，与学生一起探讨，及时给予遇到问题的学生帮助。最后，小组确定问题，提出问题，教师和学生共同探讨解答。

在课前独立探索学习阶段，学生已经建立了自己的知识体系，并通过与小组成员的合作交流，互相指出对知识的理解。学生以组为单位向教师提出问题，组与组之间相互讨论学习，及时向教师提问，得到解答，然后与小组成员一起确定问题，提出问题与其他组和教师进行探讨。这样的互动和合作学习有助于学生更深入地理解和掌握知识。

4. 课程评价

学生的学习效果不仅体现在对学习内容的掌握上，也体现在评价过程中。翻转课堂的评价同样需要关注学生的学习过程和努力，而不仅仅是期末的成绩。因此，形成性考核的制定对于评价学生的整体表现至关重要。

教师应根据课程的具体情况，适当调整形成性考核和终结性考核的比例。评价体系应该多元化，包括学生的自我评价、组员的互评及小组之间的评价，以形成一个综合的评价成绩。

评价的一个重要功能是为教师提供教学有效性的反馈。如果教师不能了解学生是否掌握了教学的重点，那么教学就不能被视为有效。课堂提问和对学生学习情况的观察都能为教师提供有关学生学习的信息。

为了获得更详细的学生进步信息，教师应进行简短且经常性的小测验和写作活动，收集学生活动结果的证据，这有助于评价并指导教学改革。

课后，学生应完成教师发放的单元内容测试卷，以检测学习效果，及时发现自己对知识的掌握程度。学生应将疑问及时反馈给教师，帮助教师发现并解决问题，从而提高教学效果。

（二）翻转课堂在日语教学中的优化建议

针对翻转课堂实践中可能遇到的问题，教师可以采取以下策略：

1. 保证视频课程资源的准确性及精炼性：确保教学视频内容准确无误，同时精炼讲解，控制视频长度，避免学生注意力分散。教师可以采用多样化的讲授形式，结合科技、娱乐和设计元素，使视频更具吸引力和教育效果。

2. 合理利用课堂时间：教师需要提升控制课堂的能力，将课堂时间更多地用于学生的实践活动，减少单纯的知识讲授，确保学生有充足的实践机会，提高课堂效率。

3. 对各学习阶段情况进行检测及总结：在课前学习阶段，教师应了解和检测学生的自主学习效果。在课堂实践中，教师评估学生对知识的内化情况。课后，教师应对课堂上布置的任务进行反思和总结，确保任务的目的性、合理性，并提高完成度，从而提升教学效率。

4. 使用传统教学方式与翻转课堂方式相结合的教学方法：鉴于日语专业学习者的特点和每门课程教学目标的差异，完全采用翻转课堂可能不现实。因此，实践性、可操作性较强的课程，如商务日语等，教师可以优先尝试翻转课堂，并与传统教学方式相结合，以适应不同课程和学生的需求。

通过这些策略，教师可以更有效地应对翻转课堂中的挑战，提高教学质量和学生的学习效果。

第六章

多媒体在日语教学中的应用与实践

第一节　多媒体日语教学及其设计

一、多媒体教学的基本认识

（一）多媒体教学的内涵及素材

1. 多媒体教学的内涵

多媒体教学是一种现代化的教学模式，它整合了图像、文字、声音、视频等多种媒介来丰富教学内容，创造一种更直观、生动和互动的学习环境。这种教学方式利用了多媒体技术的特性，包括集成性、多样性、交互性和实时性，以增强学习体验。

在多媒体教学环境中，教师可以使用各种数字工具，如投影仪、电子白板、音响系统和中控系统，以及计算机辅助教学软件，来展示复杂的概念、演示实验过程或模拟现实场景。多媒体电子教室系统能够帮助教师组织和管理教学资源，同时提供即时反馈，使教学过程更加高效和个性化。

多媒体教学的优势在于它能够吸引学生的注意力，激发他们的学习兴趣，促进主动学习。通过视觉和听觉的双重刺激，多媒体教学有助于加深理解，提高记忆力。此外，它还支持差异化教学，满足不同学习风格和能力水平的学生需求，从而提升整体教学质量。

多媒体教学通过融合现代信息技术与教育实践，为学生提供了更加丰富、多维和互动的学习体验，有助于培养学生的创新思维和解决问题的能力。

2. 多媒体教学的素材

多媒体教学的素材主要分为以下几种。

（1）文本

文本是指各种文字及文字段落。与其他媒体元素相比，文字表达的信息具有准确性和概括性的优点，是最基本、最重要、使用最多的一种符号媒体形式，是表达思想和情感、人与计算机交互作用最主要的形式。文本通过对文本显示方式的组织，可以使显示的信息易于理解。

（2）图片

在多媒体教育领域中，图片类素材——包括图形和图像——扮演着至关重要的角色，因为它们能够以直观、生动的方式传达大量信息，易于被学生理解和吸收。这类素材是教学材料中的关键元素，有助于学生解析教材、阐释概念或现象，特别是在需要可视化表达的情境下。

图形（矢量图）是基于数学公式定义的图像，由一系列的点、线、面等图元组成，这些图元描述了形状的几何属性，如位置、大小、颜色和填充样式。图形的优点在于其可无限缩放而不失真，非常适合用于需要高精度和清晰度的场合，比如徽标设计、图标制作和复杂的插图，它们能保持线条的平滑和清晰。

图像（位图或点阵图）则是由成千上万个像素点组成的网格结构，每个像素点都有特定的颜色值。图像通常源于摄影、扫描或其他捕捉现实世界景象的技术。由于图像包含大量的细节和色彩信息，它们能呈现出极高的真实感和细腻的纹理，非常适合用于展现自然景观、人物肖像和复杂场景。

在教育中，图形和图像各有其独特优势。图形因其矢量化性质，在展示数学模型、科学原理、流程图等方面更为有效；而图像则以其逼真的视觉效果，在艺术欣赏、历史事件重现、生物解剖学等领域发挥重要作用。结合两者的优点，多媒体教育可以创建既精确又生动的学习资源，促进学生对知识的深度理解和记忆。

（3）音频

声音是人类生活中使用最多和最方便的听觉信息载体，同时也是多媒体教学系统中的一个基本元素。音频是把任何声音进行采样量化，并且恰当地还原出来。将音频信号集成到多媒体中，可以使无声教学变为有声教学，增加教学的可听性，从而达到烘托教学气氛，增加教学活力的效果。

（4）视频

视频，作为多媒体的重要组成部分，本质上是由一系列连续播放的图像帧构成的动态图像，这些图像帧之间存在着内容上的关联，从而营造出了动作和变化的视觉效果。视频的主要来源是通过摄像机捕捉到的连续自然场景，原始的视频信号在过去通常是模拟信号，以连续的电子波形存储图像和声音信息，如老式录像带中的视频数据。

然而，在数字时代，视频信息经历了从模拟到数字的转变。数字化的视频信息，与模拟信号不同，不再使用波动的电子波形来表示图像，而是将图像分解成离散的数据点，也就是像素，然后用数字代码来记录每个像素的颜色和亮度。这种转换过程主要通过视频捕捉卡完成，当视频源如录像机、电视机、摄像机或 DVD 播放机等连接到计算机时，视频捕捉卡会将模拟信号转化为数字信号，这使得视频能够在计算机系统中处理和存储。

数字化后的视频具备许多模拟视频所没有的优势，例如，它更容易编辑、复制且不会因复制而降质，同时也便于在网络上传输和在线播放。此外，数字视频可以集成音频和其他媒体元素，创造出更加丰富和互动的多媒体体验。随着技术的进步，高清和超高清视频标准，如 HD、Full HD、4K 乃至 8K，已成为现代视频制作和消费的标准，极大地提升了视觉体验的质量。

（5）动画

动画，作为一种艺术和技术的结合体，其实质是通过快速连续播放一系列精心设计的静态图像，创造出一种动态的视觉效果。这一过程依赖人类视觉暂留现象，即人眼在看到一幅图像后，会在大脑中暂时保留这个图像的印象，当下一幅相似但又略有不同的图像紧接着出现时，两幅图像的微小变化就会被感知为动作或移动。因此，动画的核心就是利用时间维度上的连续性及图像内容上的细微差异，让观众感受到画面中角色或物体的动态变化。

计算机动画的兴起，进一步革新了动画制作的方式和效率。它在传统动画原理的基础上，融入了先进的计算机图形学技术和软件工具，实现了从手绘到数字化的转变。在计算机动画的创作流程中，计算机扮演着至关重要的角色，不仅在画面的创建、着色、光影效果的添加等方面提供了强大的支持，还能够实现复杂的物理模拟、三维建模、材质渲染及后期特效合成，这些都是传统手工动画难以企及的。

此外，计算机动画还能够实现动画的实时预览和修改，极大地提高了创作的灵活性和迭代速度。借助于计算机的非线性编辑能力，动画师可以轻松地进行剪辑调整，添加音效和音乐，甚至在最后阶段进行深度的后期制作，包括色彩校正、动态模糊和立体声效等高级处理。所有这些技术的应用，使得计算机动画能够呈现出更为细腻、逼真且充满创意的视觉效果，成为现代娱乐和传媒产业中不可或缺的一部分。

（二）多媒体教学的表现形式

1. CAI 计算机辅助教学

计算机辅助教学（CAI），作为现代教育技术与先进教学理念融合的产物，在日语教学中展现出其独特的魅力与效能。这一教学模式以计算机平台为基础，核心在于精心设计并实施的多媒体课件，它集成了教学理论、课程设计、编程技术和多媒体元素，形成了一种综合性极强的教育工具。

在日语教学的具体应用中，CAI 通过计算机上运行的日语课件，巧妙地融合了声音、文字、图像和动画等多媒体资源，生动再现语言学习的各种场景，使抽象的语言规则和文化背景变得直观易懂。这种教学方法不仅能够系统地传递知识，展示实例，还能提供即时的互动练习与反馈，帮助学生巩固记忆，纠正发音，理解语法结构，甚至进行文化沉浸式学习。

CAI 的日语教学课件设计注重交互性，允许学习者按照个人进度和风格自主探索，同时确保教师能够监控学习状态，适时介入指导。这种灵活的控制机制，加上多媒体素材的丰富性和趣味性，极大提升了学生的参与度和学习动力，进而促进了教学目标的有效达成，显著增强了教学成果的质量与效率。

计算机辅助教学在日语教育中的实践，体现了技术与教育的完美结合，开辟了个性化、高效化和趣味化的教学新路径，为语言学习者创造了更加生动、立体的学习体验。

2. CAL 计算机辅助学习

CAL（ComputerAssisted Learning，计算机辅助学习）指各种使用计算机进行学习的方式。这一方式重点在于学生与软件直接进行交互，能使学生学习更主动，从而激发学生的学习兴趣，增强学生的学习动机。计算机辅助学习主要通过操练、练习、模拟、游戏和建模等形式与学生进行交互。

3. CMI 计算机管理教学

CMI（Computer Managed Instruction，计算机管理教学）主要指利用计算机帮助教师管理和指导教学过程，并为教师进行教学决策提供所需要的信息。CMI 的管理内容主要包括：管理学生成绩、编排课程表、出考题、评价学生学习成绩等。

（三）多媒体教学的发展趋势

科技的飞跃推动了教育装备的智能化转型，计算机、投影设备及音频系统等教学工具经历了质的飞跃，向着更小巧、更强大、更人性化的方向进化。智能化的多媒体教学系统不仅能够高效管理各类媒体信息，还具备了深度分析、智能识别与处理信息的能力，预示着未来教育将更加依赖智慧化工具，以促进更高效、更个性化的学习体验。

伴随网络技术的迅猛发展，多媒体教学系统正逐步迈向网络化，打破了以往单机操作的局限，构建起覆盖广阔地域的教育资源共享网络。这一体系整合了全球范围内的优质教学内容与理论精华，通过网络通信技术，实现了信息的高速传输与分布处理，确保了教育内容的实时更新与广泛传播。网络化不仅促进了资源的共享，还提升了系统的可靠性和灵活性，即使局部出现故障，也能无缝切换至备用系统，保证教学活动的连贯性与高效性。

多媒体教学的未来趋势还体现在功能的综合化上，即单一设备能够承载多样化的教学需求。初期的多媒体设备往往功能单一，需要多种装置协同才能完成教学任务。但随着软硬件技术的成熟，未来的教育工具有望集视频播放、互动演示、在线交流乃至虚拟实验室等功能于一身，成为教学与学习的全能助手。这样的集成化设备将极大地简化教育环境，促进教学资源的优化配置，为师生创造一个无边界、高互动的学习空间，进一步彰显多媒体教学在激发兴趣、提高效率方面的独特价值。

二、多媒体日语教学及相关设计

（一）多媒体日语教学的特征分析

多媒体技术在教育领域的应用显著提升了教学资源的共享性、教学形式的立体性、学习方式的自主性及教学管理的辅助性，为日语教学及其他学科带来了革命性的变革。

首先，数字化教学资源的网络共享特性极大地拓宽了教育的边界。无论是教师、学生还是不同学校间，都可以便捷地访问和分享高质量的教学材料，这不仅减少了重复劳动，还促进了优质教育资源的普及。尤其在远程教学场景下，多媒体技术使得跨地域的师资力量和课程内容得以共享，极大地丰富了教学资源库，为学习者提供了更多样化的学习路径。

其次，多媒体技术的立体性特征为日语学习创造了沉浸式的学习环境。融合声音、图像、文字等多元信息，多媒体技术能够有效刺激学习者的多重感官，尤其是视觉和听觉，这对于语言学习尤为重要。在这样的环境中，学习者能够通过丰富的视觉和听觉输入，更好地理解和运用语言，促进语言综合技能的全面提升。

再次，多媒体教学支持了个性化和自主学习的需求。学生可以根据个人进度和偏好，灵活选择学习材料和方法，制订个性化的学习计划。这种以学生为中心的教学模式，鼓励学生主动探索和实践，有助于培养他们的独立思考能力和自我管理能力。

最后，多媒体技术为教学管理和评估提供了有力的工具。教师能够通过数据分析，深入了解学生的学习行为和成效，及时调整教学策略，实现精准指导。同时，多媒体平台支持持续性和总结性评估的结合，帮助教师构建全面的教学评价体系，确保教学质量的持续优化。

多媒体技术在日语教学中的应用，不仅丰富了教学手段，提高了学习效率，还促进了教育公平和个性化教学的发展，展现了其在现代教育中的巨大潜力和价值。

（二）多媒体日语教学应遵循的基本原则

在多媒体日语教学中，四大原则——主体性、立体性、交际性和激励性，构成了教学设计与实施的核心框架，旨在提升教学效果，促进学生全面发展。

主体性原则强调学生在学习过程中的中心地位，要求教师在教学活动中激发学生的内在动力，引导他们主动探索和运用多媒体资源，根据个人学习需求和节奏订制学习计划，通过积极参与实现知识建构。这种以学生为主体的教学模式，鼓励自主学习，培养了学生的独立思考能力和终身学习的习惯。

立体性原则则聚焦于多媒体技术的多感官、多维度应用，旨在创造一种全方位、沉浸式的学习环境。通过视听结合、互动体验和情境模拟，该原则倡导多样化教学手段的融合，促进学生在听、说、读、写、译等各方面均衡发展，实现语言技能的全面掌握。同时，它强调教学内容的丰富性和教学方法的灵活性，以适应不同学习风格和需求。

交际性原则突出了语言学习的最终目的——有效沟通。它要求教学活动紧密围绕实际交流能力的培养，充分利用多媒体的交互特性，鼓励学生在模拟的真实语境中实践语言，将语言知识转化为实用技能。这一原则主张在实践中学习，在应用中检验，通过反复操练和即时反馈，帮助学生克服"学用脱节"的问题，提升语言运用的准确性和流利度。

激励性原则关注学生学习动机的激发与维持，倡导通过正向激励和适度的负向激励，塑造积极的学习态度。正激励通过认可和奖励学生的进步，增强其学习动力和成就感；而负激励则通过合理设置挑战和后果，促使学生反思和修正不当行为。在多媒体教学环境下，激励机制的设计尤为关键，它能够确保学生保持正确的学习方向，克服学习障碍，实现个人成长。

这四大原则共同指导着多媒体日语教学的实践，旨在构建一个以学生为中心、富有多样性、注重实践与激励的教育生态系统，促进学生的语言能力和综合素质全面提升。

（三）多媒体日语教学的模式

多媒体技术在日语教学中的应用，经历了从辅助到主导的演变，标志着教育模式的深刻转变。在辅助模式下，尽管多媒体技术为教学提供了丰富资源，但其核心仍是教师主导的讲授，学生相对被动接收信息。而在主导模式中，多媒体技术成为学习的核心，教师或软件设计者构建数字化学习环境，学生通过与多媒体的互动，主动探索和构建知识，实现个性化学习。

多媒体日语教学的具体应用场景涵盖了教学演示、练习、个别辅导、模拟和问题求解等多个维度：

教学演示利用多媒体的音视频功能，将抽象的概念具象化，使学生能够直观地理解日语的语法结构、句型变化及文化背景，尤其在解释篇章结构和文化差异时，其能够提供生动的视觉和听觉材料，加深学生的印象。

练习环节通过多媒体软件，为学生提供即时反馈的练习题，涵盖词汇、语法、听力、阅读和写作等各个方面，帮助学生巩固新学知识，强化技能掌握。软件能够自动评判学生答案，给出针对性建议，促进学习效果的提升。

个别辅导模式下，计算机成为学生的个性化导师，针对学生在日语学习中的特定需求，提供定制化的学习资源和辅导。无论是语法难点、词汇记忆还是口语练习，都能得到及时的指导和反馈，适合于自主学习和查漏补缺。

模拟环境为学生提供了实践日语的虚拟空间，尤其是对于情境对话、文化习俗的理解，以及模拟真实的语言交流场景，如餐厅点餐、商务会议等，帮助学生在安全的环境中练习应用语言，增强实际交际能力。

问题求解则涉及使用编程或专用软件来解决特定的日语学习难题，如翻译、语法分析等，通过算法和数据处理，为学生提供高效的学习解决方案，提升深层次的理解和应用能力。

总体而言，多媒体日语教学的主导模式，通过高度互动和个性化学习体验，极大地丰富了教学手段，提高了学习效率，为学生提供了更加生动、直观和高效的学习途径。

（四）多媒体日语教学设计

1. 多媒体日语教学设计的基本准则

多媒体日语教学设计的基本准则体现了以学生为中心、以目标为导向的教学理念，旨在优化学习体验和提升学习成效。具体准则如下：

聚焦教学目标：教学设计的每一步骤都应紧密围绕既定的教学目标展开，包括教学媒体的选取、内容的规划与时间的分配。明确的学习目标有助于学生建立正确的学习预期，促进有效学习，并为后续的评估奠定基础。

构建概念框架：通过提供"先行组织者"，帮助学生将新知识与已有知识体系关联起来，促进深层理解和记忆。这种方法鼓励学生通过解释、整合和概括的方式，用个人的语言重构学习内容，构建个人化的知识框架。

运用图解促进知觉组织：采用图表、图像和其他可视化工具，将复杂的日语概念或语法结构呈现为清晰、易于理解的形式，便于学生快速识别并记住关键信息。这种视觉化的组织方式有助于提高信息处理效率，加强记忆。

多样化教学活动：避免单一的教学模式，通过结合讲座、讨论、游戏、角色扮演等多种活动，维持学生的兴趣和参与度，延长注意力集中时间，减轻学习压力，激发学习动力。

避免过度装饰：虽然多媒体元素可以增加教学的吸引力，但过度使用无关的动画、声音或视频可能会分散学生的注意力，影响学习效果。因此，教学设计应注重内容与形式的平衡，确保多媒体的使用服务于教学目标，而非单纯追求视觉效果。

遵循这些准则，多媒体日语教学能够更好地适应不同学习风格的学生，创造一种既具吸引力又高效的学习环境，促进语言技能的全面发展。

2. 多媒体日语教学设计的主要步骤

（1）教学目标与学生分析

在进行教学设计时，通常课程教学目标是已定的，为了实现总的教学目标，教师应该对它进行分析并分解，构成一个教学目标体系。除了对教学目标进行分析外，教师还要对学生的特点、发展规律、已经掌握的知识情况进行分析。

（2）情景创设

根据教学目标体系中的分解目标，一一对应地设计教学情景，以多媒体辅助进行情景创设，以便教学内容信息在真实或虚拟的情景中传递。

（3）信息资源设计

根据教学目标体系中的分解目标，对应地分析信息资源，结合所创设的情景，对信息资源进行分配、管理，并运用相关的学习理论，根据教学需要提出利用方案。

（4）自主学习设计

自主学习能力对学生自身的发展尤为重要。因此，教师应以提高学生自主学习能力为目的，为学生设计系统性的学习任务，如阶段性的学习目标、学习内容、学习计划等，并指导学生进行自主学习。

第二节 多媒体日语教学课件制作、教学设计 和教学环境设置

一、多媒体日语教学课件制作

（一）多媒体课件的基本认识

1. 多媒体课件的特征分析

多媒体课件因其独特的特性和优势，在现代教育领域中扮演着至关重要的角色，它们显著地改善了教学体验和学习成效。以下是多媒体课件三个核心优势的综合阐述：

（1）表现力丰富

多媒体课件凭借其强大的表现力，能够以直观且吸引人的方式呈现复杂的概念、抽象的原理及动态的过程。通过整合图像、动画、视频和音频等多种媒体元素，它们能够重现事物的发展顺序和内在规律，使得难以理解的内容变得易于消化。这种可视化和动态化的方法极大地促进了学生对知识的理解和记忆。

（2）交互性强

具备高度交互性的多媒体课件允许学生通过各种方式与内容进行互动，例如点击、拖拽、输入等，从而创造出个性化的学习体验。这种互动性不仅提升了学习的趣味性，还增强了学生的参与度。更重要的是，多媒体课件能即时响应学生的操作，提供有针对性的反馈和指导，帮助学生及时纠正错误，深化理解，确保知识获取的准确性和全面性。

（3）共享性好

随着互联网和移动存储技术的进步，多媒体课件的共享变得极为便捷。无论是通过网络还是借助便携式存储设备，多媒体课件中的丰富资源都能跨越地理界限，实现全球范围内的知识传播。这不仅促进了教育资源的均衡分布，还使得教师和学生能够在任何时间、任何地点访问所需的学习材料，实现了学习的灵活性和自主性。

多媒体课件通过其丰富的表现力、强交互性和良好的共享性，正在重新定义教育的模式，推动教育向更加个性化、高效和普及的方向发展。

2. 多媒体课件的分类

按多媒体课件的内容与作用进行分类，我们可将其分为以下几种。

多媒体课件在教育技术中扮演着多样化的角色，根据不同教学目标和学习需求，它们被设计成几种关键类型，每种类型都拥有独特的功能和优势：

（1）课堂演示型

这类课件专为课堂教学而设计，利用文字、图像、图表和其他视觉元素来阐释概念、原理及过程，旨在强化理解和记忆。它们以清晰、直观的方式展现信息，尤其适

用于阐明课程的重点和难点。大屏幕演示确保所有学习者都能看到内容，辅助教师传达教学意图，促进课堂互动和参与。

（2）教学游戏型

结合了教育与娱乐的精髓，教学游戏型课件将学科知识融入游戏机制中，创造了一种既有趣又有教育意义的学习环境。这些课件通常设计得易于上手，规则直接，但富含知识元素，通过游戏化的学习体验来提升学生的参与度和学习动力，让学生在享受游戏乐趣的同时掌握新知。

（3）个别化交互式学习型

这种类型的课件强调个性化学习路径，具备完整的知识体系，模拟教学过程，通过互动界面鼓励学生自主探索和学习。它们内置了自我评估和反馈机制，帮助学生监控自己的学习进度，识别并弥补知识缺口。良好的导航系统和检索功能确保学习者能够顺畅地浏览内容，随时获取所需信息，促进深度学习和自我反思。

多媒体课件通过上述不同的设计策略，有效地适应了多元化的教学场景和学习风格，推动了教育的现代化和个性化。

（二）多媒体日语教学课件制作的基本原则

1. 严肃性、学术性与趣味性相结合

在日语教学中运用多媒体课件时，核心目标是增强学生的语言技能和跨文化理解力，而非单纯追求技术的炫目效果。多媒体元素如动画、音频和图形设计确有其独特魅力，能有效吸引注意力并增进学习体验，但它们的应用应当服务于教学目标，而非成为干扰。

为了确保多媒体课件的有效性和适宜性，制作者应当围绕日语学习的关键要素——词汇、语法、发音及日本的文化背景——来构思设计。课件应聚焦于如何通过生动的视觉和听觉材料来辅助语言点的讲解，促进学生对语言情境的理解和应用，而不是让技术手段喧宾夺主。

在实际操作中，这意味着设计师需要：

平衡美学与功能：使用视觉上吸引人的设计，但同时确保它们有助于语言学习，避免过度复杂的动画分散学习者的注意力。

整合真实语料：利用多媒体平台引入真实的日语对话、歌曲、电影片段等，以提高学生的听力和口语能力，同时加深他们对日本文化的了解。

促进互动与实践：设计交互式活动，如发音练习、角色扮演或文化问答，使学生能够主动参与，从而加强语言习得。

个性化学习路径：考虑到学生不同的学习节奏和偏好，课件可以包含可选择的难度级别、复习模块及个性化反馈系统，帮助学生按需学习。

技术辅助教学：利用多媒体的便利性，比如在线字典、语法指南或即时翻译工具，为学生提供额外的学习资源。

多媒体课件的设计应以促进日语学习成效为核心，巧妙融合技术与教育，创造出

既美观又实用的教学工具，助力学生在语言能力和人文素养上获得全面提升。

2. 有的放矢，重点突出

在制作教学课件时，因材施教的原则至关重要，这要求教师依据教学内容的特性和学生现有的知识水平精心挑选和设计教学材料。例如，在分析特定篇章时，教师可以通过视觉强化来突出重要信息，如作品标题、作者姓名、历史事件的时间与地点等，这些细节往往需要学生牢固记忆。使用醒目的颜色高亮这些关键点，可以有效地引导学生关注学习重点，但色彩的运用需谨慎，其主要目的是辅助教学，而非成为焦点。

色彩作为视觉传达的一种语言，应该被适度而巧妙地融入课件设计中。其功能在于吸引学生的注意力至课程的核心内容上，而非让色彩本身成为学生注意的对象。过度或不当的色彩使用可能会分散学生的注意力，导致"喧宾夺主"的反效果，即学生可能更多地关注于视觉效果而非教学内容本身。因此，教师在设计课件时，应当综合考量色彩、布局和其他视觉元素，确保它们共同服务于教学目标，促进学生的理解和记忆，而不是仅仅追求视觉上的吸引力。

课件设计中的每一个元素都应当围绕教学目的展开，色彩的运用也不例外。恰当的色彩搭配可以增强教学效果，但只有当它与教学内容紧密结合，并且不干扰学习过程时，才能发挥应有的作用。

3. 文字言简意赅

在制作日语文本的多媒体课件时，文字的精炼和清晰度是至关重要的。鉴于日语的特殊性，文本简洁性显得尤为重要，因为它直接影响到学生对信息的吸收和理解效率。短小精悍的词组或句子能够迅速抓住学生的注意力，为他们提供清晰的信息结构，同时留下足够的空间激发学生的想象力和创造力。

简洁的文字设计不仅有助于减轻学生的认知负担，避免信息过载，还能确保关键知识点的突出，使学生能够更轻松地把握学习重点。避免长篇大论的展示，可以防止学生在面对大量文字时感到疲惫和困惑，从而确保教学内容的有效传递和学习体验的愉悦性。

为了达到这一效果，课件设计者在编写文本时应遵循以下原则：

提炼要点：提取最核心的信息，剔除非必要的修饰语和冗余表述。

结构清晰：采用逻辑分明的结构，如列表、项目符号或短句，使信息层次分明，易于跟随。

关键词突出：通过加粗、变色或使用不同字体等方式，突出关键词汇或短语，便于学生迅速识别重点。

视觉辅助：适当配以图表、图像或动画，以视觉方式补充文字信息，减少文字量，增强理解力。

互动设计：加入互动元素，如点击显示详细信息或下拉菜单，允许学生根据需要获取更多信息，而不是一次性展示所有内容。

课件中的文字应当做到言简意赅，既确保信息的完整性和准确性，又兼顾学生的学习效率和体验，从而使多媒体教学真正发挥其应有的优势。

（三）多媒体日语教学课件制作的关键技术

1. 课件开发平台

课件开发平台是专为教育内容创作者设计的软件工具，它们集成了丰富的预设程序模块，旨在简化教学资源的制作流程。当开发者在平台上选择并实施特定功能时，实际上是调用了后端的一个或多个模块，并通过设定参数来定制化这些模块的行为，从而实现所需的教育互动或演示效果。

这类平台通常具备直观的用户界面，使得即便是不具备深厚编程知识的教育工作者也能轻松创建出专业级的多媒体课件。市面上有多种多样的课件开发工具，每种都有其独特的特性和适用场景。例如，Microsoft PowerPoint 是一种广泛使用的幻灯片制作工具，适用于创建线性的演示文档；Adobe Flash（尽管近年来因安全和技术原因逐渐被替代）曾经是制作复杂动画和交互式内容的首选；而 Macromedia Director（现为 Adobe Director）则擅长处理更高级的多媒体集成项目。

除了上述提到的工具，还有其他一些现代平台如 Articulate Storyline、Adobe Captivate 和 Lectora Inspire，它们提供了更先进的功能，包括响应式设计、SCORM 兼容性及与学习管理系统的无缝集成，非常适合创建适应各种设备的互动课程。

这些工具不仅简化了多媒体课件的制作过程，还提升了教学材料的质量和互动性，使得教师能够更加专注于课程内容的设计，而非技术细节的处理。通过利用课件开发平台，教育工作者能够快速高效地创造出既吸引人又能促进有效学习的多媒体教学资源。

2. 文字处理技术

文字处理技术就是利用计算机对中日语言进行的输入、切换、编辑、格式排版、打印和存储等处理。文字采用不当会影响多媒体课件教学效果的整体质量，因此在制作文字时教师应注意选择适当的中文环境，文字使用要规范、合理，以提高文字对教学内容的总体表达效果。

3. 图形图像处理技术

图形图像处理技术涵盖了使用计算机对视觉数据进行的一系列操作，包括但不限于获取、编辑、转换、压缩、增强、分析和存储。图形，尤其是矢量图形，因其高度精确的几何属性而被广泛应用于需要准确表达形状和尺寸变化的场合。在设计图形时，重要的是要确保它们贴合教学内容的需求，同时兼具艺术美感和直观性，以便于学习者理解和记忆。

图像，则是基于像素的位图，它们记录了物体反射或发射的光强信息，形成连续的二维或多维度的视觉表现。在多媒体日语教学课件中，图像的运用可以生动地展示具体的学习对象，从而增加教学材料的直观性和吸引力，帮助学生更好地理解和掌握语言概念及文化背景。

结合图形和图像的处理技术，多媒体教学课件可以达到更高的互动性和参与度。例如，矢量图形可以用来创建清晰的图表、图标或动画，而位图图像则适合展示真实世界的照片、插图或视频帧。通过优化图形图像的呈现方式，教学内容可以变得更加丰富和引人入胜，有助于提高学习者的兴趣和学习效率。

此外，图像处理技术中的增强和锐化功能可以使模糊的图像变得清晰，而图像识别技术则能自动分析和分类图像内容，这些都是多媒体教学中非常有价值的辅助手段。总而言之，图形图像处理技术对于提升多媒体教学课件的质量和教学效果起着至关重要的作用。

4. 数字音频技术

数字音频技术就是将从话筒、光盘、录音机等渠道获取的声音进行数字化，以对其进行录音、压缩、编码、编辑、放大、降低、回放、混合等处理。在日语教学中，数字音频技术主要用于语音训练、听力训练和口语表达等内容。

5. 数字视频技术

数字视频技术涉及将源自模拟录像设备的传统模拟视频信号转换为可由计算机实时采集、处理和存储的数字格式。这一过程不仅限于简单的格式转换，还包括对数字视频进行一系列高级操作，如非线性编辑、特效添加、高效压缩与解压缩算法的应用、网络传输及大容量存储等。数字视频技术的优势在于它支持实时且无损的数据传输，允许视频文件的随机访问，以及能够实现高比例的压缩而不显著降低视频质量。

鉴于数字视频的丰富内容来源及其灵活的处理能力，其在教育领域，特别是日语教学中的应用变得日益广泛。数字视频可以为语言学习者提供生动的语境示例，比如展示日本的文化习俗、日常生活场景或是对话实例，这有助于学生更深刻地理解语言的实际应用。通过观看和分析真实的视频材料，学习者可以增强听力理解能力，模仿正确的发音和语调，甚至通过角色扮演或情境模拟来练习口语。

此外，数字视频技术还促进了远程教育和在线学习平台的发展，使得高质量的日语课程能够跨越地理限制，触及全球范围内的学习者。教师可以利用数字视频制作互动式课程，包含字幕、注释、即时测试等功能，以增强学习体验并促进学生的主动参与。数字视频技术为日语教学提供了创新且有效的工具，极大地丰富了教学资源，提升了教学质量和学习效果。

（四）多媒体日语教学课件制作的步骤

1. 准备阶段

创建一个高效且吸引人的日语课教学设计，首先需要围绕既定的教学目标构建课件的基本框架。以下是一个基于上述要求的教学设计概览：

（1）教学目标

知识目标：学生能够掌握特定的语法点（例如"て形"接续形式）、词汇（如房间物品名称）、句型（比如描述方位的表达）。

技能目标：学生能够正确使用新学的语法结构造句，听懂并复述关于房间布局的日语对话。

情感目标：激发学生对日本文化的兴趣，鼓励他们在日常生活中尝试使用日语。

（2）教学内容

重点：特定语法点的使用规则和实践练习。

难点：语法点在不同上下文中的灵活运用，以及日语中容易混淆的词汇区分。

（3）课件内容

引入部分：通过一张展示日本典型房间布置的图像开始，激发学生的好奇心和兴趣。

知识点讲解：使用清晰的图表解释语法结构，配以相关词汇列表和例句。

实践环节：设计互动游戏或问答，让学生在模拟情境中使用新学的语言点。

文化拓展：简短介绍日本家居文化，如榻榻米、障子（纸拉门）等，以加深学生对日本社会的理解。

复习与评估：通过小测验检验学生的学习成果，确保他们掌握了课程的重点。

（4）脚本规划

幻灯片设计：每张幻灯片包含一个核心概念，使用简洁的文字和适当的视觉辅助，如图标、照片或动画。

动画效果：关键术语和例句可以以动画形式出现，帮助学生聚焦注意力。

声音元素：加入日语发音的音频片段，以便学生模仿正确的语音和语调。

交互性：设计点击显示答案、拖放匹配游戏等互动元素，保持课堂的活跃度。

（5）教学流程

引入：提出问题或展示图片，引起学生注意。

讲解：详细介绍语法点，辅以例子和解释。

练习：分组或个人练习，直接应用新知识。

反馈：检查练习，纠正错误，强化理解。

扩展：文化知识点的简短介绍，增强跨文化意识。

总结：回顾学习要点，强调重要概念。

通过精心设计的课件和教学流程，我们可以确保学生在愉快的氛围中有效学习，同时培养他们自主探索和持续学习的兴趣。

2. 实施阶段

根据日语教学课的特点及教学任务，选择相关的课件制作软件进行课件制作，要配以较为丰富的图片、声音或录像，给学生创造一种生动逼真的语言环境。需要注意的是，由于许多课件设计软件并不支持外文输入，所以我们经常需要在 Word 中先做好文字编辑，然后将其复制到相应位置或另存为相应的格式。

3. 总结阶段

积极收集教师和学生的反馈信息，及时总结利用课件进行日语教学时存在的问题、成效，分析多媒体日语教学存在的规律，根据反馈情况对教学课件进行修改和完善。

二、多媒体日语课堂教学设计

（一）多媒体日语视听说教学设计

1. 视听说的基本认知

视觉、听觉、言语输出（说）是人类获取和处理信息的重要途径，它们在学习和记忆过程中扮演着关键角色，尤其是在语言学习中。下面我们概述了这几种感官如何在日语学习中发挥作用，以及如何利用现代教育技术来优化学习体验：

视觉感官：视觉信息能够提供直观的图像和符号，帮助学习者理解和记住抽象的概念。在日语学习中，视觉材料如汉字的形状、假名的书写、文化背景的图片和视频，可以增强记忆并加深理解。通过教育信息技术，如多媒体课件、动画和互动软件，我们可以创造丰富的视觉体验，使学习过程更加生动和吸引人。

听觉感官：听觉允许学习者接收语言的语音模式，理解语调、节奏和连读等自然语言特征。日语的听力训练包括听懂日常对话、新闻广播、歌曲和电影等，这不仅提高了语言理解能力，还促进了对日本文化的感知。使用录音、播客、在线课程和虚拟现实技术，可以使学生接触更广泛的真实语言环境，提高听力技巧。

言语输出（说）：口语表达是语言学习的核心，它涉及词汇、语法和发音的综合运用。通过模仿、角色扮演、小组讨论和演讲等活动，学生可以练习日语的流畅性和准确性。教育软件和应用程序提供了即时反馈和语音识别功能，帮助学生改善发音和语调。

在多媒体教学环境中，整合视、听、说的感官体验对于提高日语学习效率至关重要。例如，使用视频会议软件进行实时会话练习，结合字幕和图像辅助理解，或者通过互动白板展示语法结构和词汇，同时播放相关的音频示范。此外，虚拟现实（VR）和增强现实（AR）技术能够创造沉浸式的学习场景，让学生仿佛置身于日本街头，与虚拟角色进行真实的对话练习，从而提升语言应用能力。

通过综合运用视觉、听觉和言语输出的策略，并借助先进的教育信息技术，教师可以极大地丰富日语学习体验，促进深度学习和长期记忆，使学生在实际交际中更加自信和流利。

2. 影响视听说的主要因素

听力材料与学习者的特征共同决定了听力理解的有效性和深度。以下是关于这两个方面影响因素的综合分析：

（1）听力材料的特征

时间性：听力材料是一维的时间流程，一旦播放便不可逆，因此听者必须在有限的时间内捕捉到所有相关信息。这一特性要求听者具备快速处理信息的能力，同时也意味着如果错过某些细节，很难立即找回。

语言特征：包括语法复杂度、词汇难度、句型结构的多样性及语速。材料的语言难度直接影响理解的难易程度，而语速则关乎听者能否跟上信息的传递速度。

外部因素：视觉辅助（如图片、视频）可以帮助解释和加深对听力材料的理解，而背景噪声可能干扰听者，降低理解质量。

（2）学习者的特征

语言水平：学习者的语言熟练度直接关系到他们能否准确理解听力材料。较高水平的学习者能够处理更复杂的语言结构和较快的语速。

记忆力：良好的短期和长期记忆力有助于听者存储和回忆听力材料中的信息，这对于理解上下文和推断含义至关重要。

经验与知识积累：先验知识，包括文化背景、专业领域知识等，可以为听力材料提供额外的解读框架，帮助听者更好地理解内容。

注意力与毅力：持续的注意力对于跟踪长篇听力材料尤为重要，而面对挑战时的毅力则能促使学习者克服困难，继续聆听和理解。

情感因素：积极的态度和情绪状态可以提高学习动力，而焦虑或紧张可能会干扰听力理解过程。

结合听力材料的特性和学习者的个体差异，教师和课程设计者可以通过调整材料难度、提供适当的视觉辅助、控制语速及设计互动环节来优化听力教学效果。同时，鼓励学习者发展有效的听力策略，如预测、总结、提问和反思，这些也是提高听力理解能力的关键。

3. 多媒体视听说教学的设计策略

多媒体日语视听说教学是依托现代信息技术，特别是以计算机为核心的多媒体平台，旨在全面提升学生的日语听、说、读、写综合能力。这种教学方式突破了传统课堂的局限，通过整合文字、图像、音频、视频等多种媒介，为学生营造出更加贴近真实的语言环境，从而增强学习的互动性和趣味性。

在多媒体日语视听说教学中，视觉元素通过图像和动画辅助理解，将语言置于具体的场景中，帮助学生建立语言与情境之间的联系，促进对语言功能和使用的深刻理解。同时，听觉元素作为核心，通过自下而上和自上而下的听解策略，训练学生从微观到宏观、从局部到整体地理解语言，强化其听力理解能力和批判性思维。

多媒体技术的应用使得教学设计更为灵活和高效，它将各种信息载体融为一体，创建了一个沉浸式的、多维度的学习空间。这不仅提升了信息传递的速度和准确性，还促进了学生主动学习和探索精神的培养，尤其是在模拟对话、角色扮演和虚拟现实体验中，学生能够更直观地感受语言的运用，从而提升其语言实践能力。

在教学资源的选择上，多媒体日语视听说教学倾向于采用高质量的音频、视频资料，以及精心设计的动画和模拟场景，确保学习材料既丰富多样又生动有趣。这种方法不仅能够激发学生的学习兴趣，还能在学习过程中培养其创新思维和解决问题的能力，使其在掌握语言技能的同时，也提高了跨文化交际的敏感性和适应性。

多媒体日语视听说教学凭借其先进的技术支持和创新的教学理念，为日语学习者提供了前所未有的学习体验，有助于学生在多元化的学习环境中实现语言能力的全面飞跃。

（二）多媒体日语阅读与写作教学设计

1. 多媒体日语阅读教学设计

多媒体日语阅读教学充分利用现代教育技术的优势，为学生提供了更为丰富和互动的学习体验。这一教学方法超越了传统纸质阅读的局限，通过整合文本、图像、音频和视频等多媒体元素，不仅能加快信息的获取速度，增加信息容量，还能打破地理界限，促进更广泛的文化交流与理解。

在多媒体日语阅读教学中，学生不仅是信息的接收者，更是学习过程的主动参与者。他们可以根据个人兴趣和需求定制阅读内容，选择适合自己的学习路径，无论是侧重于学习性阅读，还是强调交际性、综合性、分析性或是合作式、自主性的阅读方式。多媒体技术允许学生在阅读的同时进行写作、讨论和创作，实现了读写交流的融合，进一步加深了学生对文本的理解和应用。

阅读教学的核心目标在于培养学生有效的信息提取和处理能力，以及批判性思维。多媒体日语阅读教学通过引导学生观察语言细节、做出假设和判断、分析归纳信息、推理验证结论，帮助他们形成扎实的阅读技能。同时，丰富的多媒体资源有助于扩充词汇量，增进学生对日本文化和语言背景的认识。

在具体实施多媒体日语阅读教学时，教师应注重以下几个方面：

交互性：确保学生能够与教学软件进行有效互动，明确阅读目标，积极参与到学习过程中。

真实性与正确性：选择反映真实生活、文化背景的阅读材料，保证内容的准确无误，避免误导学生。

阅读体验优化：考虑学生的舒适度，如使用护眼模式减少视觉疲劳，通过颜色对比区分已读和未读内容，提高阅读效率。

通过上述策略，多媒体日语阅读教学能够激发学生的学习兴趣，促进其语言能力和文化素养的全面发展，为他们打开通往世界的新窗口。

2. 多媒体日语写作教学设计

多媒体辅助的日语写作教学通过整合视觉、听觉和互动元素，为学生提供了一种动态且引人入胜的学习环境，这不仅提升了学习的趣味性，还促进了写作技巧的实践与掌握。以下是基于"四结合"教学模式的多媒体日语写作教学的细化步骤：

创设情境：教师运用多媒体资源，如图片、动画、视频等，构建一个与写作主题紧密相关的情境。这种情境应当生动有趣，激发学生的想象力和表达欲望，鼓励他们尝试用日语描述所见所感。

指导观察：在这一阶段，教师利用多媒体平台的互动功能，如标注、放大、慢放等，引导学生细致观察情境中的细节，培养他们敏锐的观察能力和分析能力。通过多媒体的直观呈现，学生可以更好地理解情境，为后续的写作打下坚实的基础。

局部分说到整篇总说：教师应遵循由易到难的原则，先从简单的描述或对话开始，逐步过渡到完整的段落和文章。这一过程中，学生可以通过多媒体工具看到示例文本，进行模仿练习，从而逐渐掌握日语写作的结构和风格。

打字表达：利用计算机和日语输入法，学生在 Word 或其他文本编辑软件中直接进行写作。这一环节不仅锻炼了他们的打字速度，也让他们有机会实时修正语法和拼写错误，提高了写作的准确性和流畅度。

评议批改：在完成初稿后，学生可以利用多媒体平台进行作品分享，开展同伴互评或师生共评。教师可以展示优秀作品，引导学生学习其中的亮点，并提出修改建议，帮助学生认识到自身的不足，从而在下一次写作中改进。

多媒体日语写作教学的整个流程设计旨在创造一个富有创意、互动和反馈的学习空间，让学生在实践中不断提高写作水平。通过多媒体资源的辅助，学生能够在更加真实和多元的环境中练习日语写作，最终达到熟练运用日语进行表达的目标。

三、多媒体日语教学环境设置

（一）多媒体教学设施的建设

教学设施作为学校物质环境的核心要素，对教学活动的有效开展至关重要。随着科技的进步，教学设施的内涵已经超越了传统的实体物件范畴，扩展到了多媒体设备和智能技术的应用。这些现代化的工具不仅丰富了教学手段，增强了教学的互动性和吸引力，同时也对教学环境的设计提出了更高的要求，使其成为支撑高质量教育的重要基石。

对于高等教育机构而言，教学设施的先进性与合理性直接影响着学校的整体办学水平，以及师生的教学体验。一个以人为本的教学设施环境，能够极大地提升教学效果和学习效率。具体来说，教学设施的规划与建设应关注以下几个方面：

1. 促进生理健康发展：确保教学设施能为学生提供一种舒适、安全的学习环境，包括适宜的温度、光照、空气质量等，同时配备必要的生活设施，满足学生基本的生活需求，促进其身体健康成长。

2. 促进心理健康成长：考虑到大学生正处于心理发展的关键时期，教学设施应营造一种温馨、包容的氛围，设立心理辅导中心，提供专业咨询，帮助学生应对压力，增强心理韧性。此外，通过优化设施布局，如设置休闲区、讨论室等，促进师生间的情感交流，这有助于学生建立归属感和安全感。

3. 促进学业充分发展：教学设施不仅要满足专业知识的传授，还要着眼于培养学生的综合能力和职业素养。例如，建设实验室、工作室、模拟实训基地等，提供实践操作的机会，增强学生的动手能力和创新能力。同时，利用信息化平台，如在线课程、虚拟实验室，拓展学习资源，支持自主学习和终身教育。

教学设施的建设和优化是一个系统工程，需要学校管理层、教师、学生及专业设计师等多方合作，共同致力于创建一个既符合教育目标又适应学生身心发展需求的学习环境。通过不断更新和完善教学设施，高校能够更好地服务于教育的终极目标——培养具有全面素质和专业技能的未来人才。

（二）多媒体电子教室的布置

电子教室，作为现代教育技术的重要组成部分，通过集成多媒体设备和网络技术，为日语教学提供了创新而高效的环境，其核心设备包括计算机、投影仪、视频展台、投影屏幕和音响系统，共同构建了一个互动、直观的学习空间。

在电子教室中，教师能够利用屏幕广播和电子教鞭等功能，实现对教学内容的统一展示和讲解，确保每位学生都能清晰、准确地接收信息，不受物理位置和环境因素的干扰。这种集中控制的方式不仅提升了教学效率，还便于教师实时监控学生的学习状态，及时提供反馈和辅导。

学生在电子教室中进行自主学习时，教师可通过屏幕监控功能远程了解学生的学习进展，必要时启用遥控辅助，实现个性化指导。这种方式减少了教师的体力消耗，同时保证了教学的连贯性和学生参与度。

电子教室的管理与控制系统是其高效运行的关键。显示系统需根据教学需求灵活配置，确保信息的清晰传递；音频系统则需合理布局，保证全班学生都能听到适度的声音。此外，电子教室还配备了信息管理系统，用于数据库管理和应用程序开发，确保数据的准确性和安全性，同时提供用户友好的操作界面。

鉴于电子教室的建设成本和维护需求，学校在规划时应采取集中网络控制策略，通过统一的网络平台协调各教室资源，实现资源共享和远程管理。这不仅有助于提高设备利用率，还能在保证教学质量的同时，实现成本控制，确保投资效益最大化。

电子教室通过其集成的多媒体设备和智能化管理系统，为日语教学带来了革命性的变革，促进了教学互动，提高了学习效率，是教育现代化进程中不可或缺的一部分。

第七章

互联网在日语教学中的应用与实践

第一节　互联网辅助日语教学的方法与路径

一、基于互联网辅助的日语教学

（一）互联网的教育教学功能

互联网作为信息时代的标志性产物，为教育领域带来了革命性的变化，不仅极大地丰富了教学资源，还开创了全新的教育模式，拓宽了学习的空间和时间维度。互联网的开放性、交互性和自由性特质，使其在教育领域的应用展现出前所未有的广泛性、普遍性、平等性、创新性和终身学习的可能性。

互联网的教育功能可以划分为被动和主动两个层面。被动教育层面体现在日常生活中，人们在不经意间接触到网络上的各种信息，这些信息无形中影响着个人的思想和行为，实现了一种无意识的学习过程。主动教育层面则更侧重于个体的主观能动性，即学习者根据自身需求和兴趣，主动搜索网络资源，选择适合自己的教育服务，进行有目的、有计划的自主学习。

互联网对教育的影响覆盖了社会教育、学校教育和家庭教育三个主要领域：

1. 社会教育：互联网使公众接触到更广阔的知识海洋，践行了终身学习的理念，人们可以在任何时间、任何地点获取所需信息，进行自我提升和兴趣探索。

2. 学校教育：数字化教学手段已经成为常态，多媒体教学、在线课程、虚拟实验室等为学生提供了多样化的学习途径，教师和学生之间的互动也更加频繁和深入。

3. 家庭教育：家长利用互联网平台，可以更全面地了解孩子的学习状况，与学校保持紧密联系，共同促进孩子的成长，同时，家长自身也能通过网络学习家庭教育知识，分享经验。

互联网对传统教育观念的冲击，促使教育界不断探索和实践新的教育模式。个性化教育、自主学习、终身学习等理念，在网络环境下得到加速发展和广泛应用。教育者需要不断创新教学方法、优化教学内容、改进评价体系，以适应互联网时代的学习需求，实现教育的现代化转型。

（二）互联网辅助下的日语教学的独特性

1. 教学主体的去中心化

在日语教学的传统框架内，教学主体，通常指的是教师或教育机构，他们扮演着核心角色，他们不仅决定教学大纲、教学方法和评估标准，还掌控着知识传递的过程。这种模式下，教师作为知识的主要来源，学生则是被动接受者，这种关系构建了一种信息的不对称状态，教师因拥有专业知识而处于主导地位。

然而，随着互联网技术的迅猛发展，这一传统格局正经历深刻变革。网络环境下的信息传播呈现出开放和平等的特点，这极大地改变了信息的获取方式和途径。任何人，只要拥有网络连接，就能接触到海量的日语学习资源，从在线课程、语言交换平台到各种多媒体学习材料。这种变化削弱了传统教学主体对信息的垄断，使得信息不再是一种稀缺资源，而可以被广泛共享和利用。

在新的互联网时代，教学主体不再是唯一的信息提供者，其权威性和中心地位受到了挑战。学生可以通过多种渠道自主学习，甚至在某些方面可能比教师掌握更多的最新信息。这种情况下，教学主体需要转变角色，从知识的单向传递者转变为引导者、合作者和支持者，促进学生主动探索和批判性思考，共同构建一种更加互动和协作的学习环境。

因此，互联网的普及促使日语教学模式从以教师为中心转向以学生为中心，强调个性化学习、自我驱动和终身学习的理念，这要求教学主体具备更高的适应性和创新性，以应对不断变化的教育需求。

2. 教学客体的自主性

伴随教学主体地位在网络环境中趋于去中心化，教学客体，即学生，自主性增强。这一现象实质上反映了互联网时代人们主体意识的扩展，特别是在互联网辅助的日语教学场景中尤为明显。相较于教学主体权威性的淡化，学生开始在教育过程中占据更为主导的地位，其自主性体现于多个维度：

学生享有自由选择是否接受教育的权利，能够基于个人兴趣和需求决定参与特定课程或学习计划；

在教学内容和信息的选择上，学生不再局限于传统的教材，而是能够从互联网上的丰富资源中选取最符合自己学习目标的材料；

教学方式和方法的自主选择成为可能，学生可根据自身学习习惯和偏好，挑选最适合的在线课程、互动软件或是实践项目进行学习；

对教学过程节奏的主动控制，允许学生按照自己的步调安排学习时间，无论是加速学习以应对考试，还是放缓节奏以确保深度理解，均能得以实现。

这种学生自主性的增强，不仅重塑了教育的动态，而且推动了教育理念从传统的灌输式向现代的参与式和探索式转变，促使教学主体必须调整策略，以更加支持个性化学习路径。

3. 教学载体的技术性

当互联网作为日语教学的平台时，它固有的信息技术特性自然而然地融入教学载体之中，进而引发教学内容、参与者角色及教学模式的深刻变革。互联网日语教学依托于一系列前沿技术，如计算机技术、多媒体技术、网络通信、视音频处理、动画制作乃至虚拟现实（VR），这些技术的融合使得教学信息——涵盖文字、数据、音频、图形、图像及动画等多种形式——能够被自由交换与传输。这一革新彻底打破了传统教学的局限，为学习者提供了前所未有的互动与沉浸式体验，极大提升了日语教学的质量与效果。

从本质上讲，技术的不断进步与应用构成了互联网辅助日语教学的基石，它不仅丰富了教学手段，还促进了个性化学习的发展，让学生能够根据自身需求灵活调整学习路径，享受高效、生动且具有针对性的语言学习体验。因此，技术性日益凸显的教学载体，对于互联网日语教学的成功实施至关重要，它为教学创新开辟了广阔空间，同时也对教师的教学设计与学生的学习策略提出了更高要求。

4. 教学手段的针对性

网络是个内容形式多样的平台，它为我们多渠道地进行日语教学提供了条件。因此，互联网日语教学能够抓住学生的需要和兴趣，为学生适用，及时提供全方位的信息，进行个性化服务，有针对性地进行教学，以促进其个性的全面发展。

5. 教学过程的互动多样性

教学过程中的互动性，体现在学生与教师、管理者之间，在知识传授、情感沟通及文化交流上的双向交流与互动关系构建。这一互动性的强化，得益于现代网络技术的迅猛发展及多元化网络平台的广泛应用，诸如在线论坛、博客系统（BBS）、即时通信软件（包括QQ、微信等）、电子邮件（E-Mail）及社交媒体平台。这些网络工具不仅种类繁多，而且功能强大，它们极大地促进了教学双方的沟通与协作，让信息的交流变得更为迅速与便捷。

网络交流互动工具的多样化与功能的丰富性，为教学活动创造了更为灵活和个性化的交流环境。无论是深入的学术讨论，还是日常的情感支持，甚至是跨文化的理解与分享，都可以通过这些平台得以实现。这不仅提升了教学效率，也增强了学习体验，让学生和教师能够跨越地理界限，形成一个紧密相连的学习社区，共同促进知识的传播与创新。因此，网络技术在提升教学互动性方面扮演着不可或缺的角色，它为构建更加高效、开放与包容的教育生态提供了强有力的支持。

6. 教学环境的虚拟与超越时空性

网络教学的核心特征在于其虚拟性和超越时空的能力，这两点在网络辅助的日语教学中体现得尤为明显。互联网为日语教学构建了一个虚拟空间，其中的教学活动以数字化形式——如文字、音频、图像、动画及视频等符号载体——呈现，赋予了教学内容以生动且直观的表现形态。而超越时空的属性，则意味着教学不再受限于固定的地点和时间，学生可以在任何地方、任何时候接入网络，参与学习，实现了空间与场所的解耦，以及教学活动与具体时间的脱离。这种无界限的特性，确保了日语教学信息能够迅速、准确地传达给每一个学习者，极大地提升了教学的灵活性和效率。

互联网的虚拟与超时空特性，为日语学习者创造了一种前所未有的学习环境，无论是在繁华都市还是偏远乡村，只要有网络连接，就能无缝接入丰富的语言资源和互动式的教学活动中。这种模式不仅打破了传统教室的物理局限，还促进了个性化学习路径的开发，使得每个学习者都能按照自己的节奏和兴趣进行深入探索，从而有效提升学习成效和语言掌握能力。网络日语教学利用其固有的特性，正逐步改变着语言学习的传统范式，引领着教育向更开放、更包容的方向迈进。

7. 教学空间的开放性

校园网络的构建犹如一座桥梁，不仅紧密联结校内师生，更将学校的学术氛围延伸至社会乃至全球的广阔舞台。它编织了一张无形的网，让学校领导者、教职员工及学生们在同一个数字平台上汇聚，共享知识与经验。借助校园网络，传统的学习壁垒被一一拆除，营造出一种相互关联的学习生态系统。在此环境中，信息的流通变得畅通无阻，无论是同学间的探讨、师生间的互动，还是教师之间的专业交流，均能跨越时空界限，实现即时而深入的沟通。

互联网辅助下的日语教学，正是这一变革的生动体现。它超越了实体教室的局限，为学生提供了展现个性的广阔天地。在这样的平台上，学习者不仅能够自主探索问题解决之道，还能积极参与到合作学习中，与他人共同研究课题，同时磨炼自身的交际技巧。互联网赋予了学生无限的可能，让他们在多元文化的碰撞中，不断提升语言运用能力和跨文化交流能力，从而在日语学习的道路上走得更远、更稳健。校园网络不仅革新了教育模式，更为学生打开了通向世界的大门，使其在学习过程中能够全面发展，成长为具备国际视野和竞争力的未来人才。

（三）互联网为日语教学带来的机遇与挑战

1. 互联网为日语教学带来的机遇

（1）互联网创新了日语教学的模式

互联网，作为多媒体信息的集成者，巧妙融合文字、图像、音频及动态内容，创造出一个全方位的感官体验空间，其强烈的吸引力和感染力，深深触动着每一位用户的心弦。这种综合性的媒体环境，构建了丰富的视觉、听觉乃至心理与情境认知的多维空间，与青少年成长的生理心理需求高度契合，能够有效激发学生的求知欲望，点燃他们的想象之火，同时唤醒其内在的学习动力与参与热情，从而推动其全面素质的提升。

在日语教学领域，互联网的介入无疑是一场革命。它利用交互性、自由度及内容的多样性，将学生从被动接受者转变为积极的参与者，鼓励他们根据个人兴趣与需求，自主探索语言的奥秘。网络平台上的日语资源丰富多样，学生可以按需选取，定制个性化学习路径。加之信息的易复制、易共享与即时性，这大大增加了学生间及师生间的互动频率，为知识的传播与人际交流搭建了便捷的桥梁。如此一来，互联网不仅成为日语教学的有力助手，更促进了学习社群的形成，使得知识获取与分享变得更加高效、生动且富有成效，最终助力学生在日语学习旅程中收获满满，实现语言能力与文化素养的双重飞跃。

（2）互联网丰富了日语教学的手段

互联网，以其无与伦比的信息传输速度、海量数据承载力、强大交互特性、广泛覆盖范围及多元表现手法，超越了传统媒体的局限，如广播、电视、印刷品等，在日语教学领域开辟了一片崭新天地。它不仅引入了创新的教学理念，还提供了前所未有的内容资源与教学工具，彻底改变了教育的面貌。

置身网络时代，日语学习者得以借助这一媒介，快速精准地获取所需知识，不再受制于时间和空间的束缚。互联网的开放性为日语教学环境注入了活力，教师与学生之间的沟通变得即时、畅通无阻且平等，极大地提升了教学效果与学习效率。诸如网络课堂、在线论坛、电子邮件、视频会议等现代通信方式，深受学生喜爱，它们不仅便于信息的双向交流，还能营造出轻松愉快的学习氛围。

若能巧妙运用互联网的特性，精心设计日语课程，使其内容丰富多样、形式生动有趣，其必将显著增强教学的吸引力与影响力。网络平台能够将静态的文字变为动态的影像，将抽象的概念化为直观的演示，让学习过程充满乐趣，激发学生的主动性和创造性，进而促进日语教学向着更加高效、互动与个性化的方向发展。互联网为日语教学的现代化提供了无限可能，是实现教育转型与升级的关键驱动力。

（3）互联网突破了日语教学的时空界限

传统日语教学模式往往受限于固定的时间和地点，要求所有学生在同一场合、同一时刻接受统一的教学内容，这种"一刀切"的做法忽视了个体差异，包括语言基础、学习能力及个人性格的不同，导致教育过程缺乏个性化，违背了教育应遵循的差异化原则，最终影响教学成果的达成。

相比之下，互联网的出现如同一股清流，以其开放性和自由度，彻底颠覆了传统教育的边界。它构建了一个无边界的教育平台，将原本孤立的教育场景转化为一个社会化的、开放式的、多维度的学习空间。在这个空间里，不论身处何方，来自不同学校、不同年级的学生都能够轻松接入网络，与教师进行实时互动，实现了教育资源的共享与交流，有效弥补了传统日语教学的不足。

更重要的是，互联网的交互特性为日语教学带来了质的飞跃。教师能够通过在线平台即时掌握学生的学习需求和进展，依据反馈调整教学策略，提供更加个性化的指导，确保每位学生都能得到适合自身水平的教育。这样一来，教学效果得到了显著提升，学生的学习体验也更加积极主动，形成了良性循环，推动日语教育朝着更加高效、灵活与人性化的方向发展。互联网为日语教学的革新提供了强大的支撑，开启了教育的新篇章。

2. 互联网为日语教学带来的挑战

在网络化教学环境中，挑战与机遇并存，消极性与积极性共生。日语教学如果不能正视和回应网络社会出现的这些挑战，就不能很好地把握机遇。

（1）对教师权威的挑战

在传统的日语教学框架下，教师因其专业的身份和深厚的知识底蕴而自然拥有权威地位。但在互联网教学的背景下，这一权威性面临着前所未有的挑战，主要源于网络本身所倡导的平等、自由与开放精神。在传统的教室里，教师与学生之间的关系往往带有层级色彩，教师作为知识的传递者，其话语权重难有争议。然而，互联网的出现打破了这种层级结构，教师与学生在网络空间中皆化身为平等的数字实体，身份的差异不再构成知识交流的障碍，这种扁平化的互动模式削弱了教师身份上的权威感。

同样，教师的知识权威也在互联网的冲击下受到考验。传统教学中，教师被视为知识的宝库，学生依赖教师获取信息和指导。但互联网改变了这一局面，它提供了多元的信息获取渠道，信息的传播速度与广度达到了前所未有的水平，资源共享更是成为常态。在信息化校园的环境下，学生能够低成本地接触和处理大量信息，这意味着他们不再完全依赖教师作为知识的唯一来源。这种变化迫使教师重新定位自己的角色，从知识的垄断者转变为知识的引导者与合作者，与学生共同探索知识的海洋，促进双方在平等的基础上进行深入交流与学习。

互联网不仅改变了教育的物理空间，更深刻影响了教育的社会关系与知识传递模式，促使教育体系内部的权力结构发生演变，教师与学生的关系趋向平等与合作，共同构建一种更加开放、互动与个性化的学习环境。

（2）对教学方式与内容的挑战

传统日语教学多采用教师主导的讲授模式，其重心在于系统地传授知识，课堂上往往侧重于知识框架的完整性和逻辑连贯性，却可能忽略了教学内容的生动性、直观性和教学方法的灵活性，有时导致学生兴趣不高，学习效果受限。与此形成鲜明对比的是，互联网环境下的教学，凭借其多媒体的丰富表现形式和信息的海量供给，为学生提供了前所未有的学习体验。在这种环境下，学生面对多样化的信息源，展现出更强的自主学习倾向，他们依据个人理解和判断，主动筛选、分析和整合信息，培养了批判性思维和独立解决问题的能力。

鉴于此，传统日语教学方式亟待革新。以往教学内容受限于有限的教材和参考资料，难以反映日语语言及日本文化的最新发展，显得较为陈旧。而互联网的即时更新特性，为日语教学注入了新鲜血液。网络上的日语词汇、社会动态、文化资讯等实时更新，这要求教师在准备教学内容时，不仅要关注经典文献，更要结合当下热点，确保教学素材与时俱进，内容鲜活且富有时代感。无论是课堂授课还是课后拓展，教学活动都应积极拥抱互联网，利用其资源的丰富性和时效性，不断充实和优化教学内容，使之更加贴近实际，增强教学的吸引力和实用性，从而激发学生的学习兴趣，提高教学质量和效果。在这一过程中，教师的角色也将从知识的传授者转变为学习的引导者和促进者，与学生共同探索日语世界的无限魅力。

（3）对学生自身的挑战

尽管互联网极大地方便了全球范围内的沟通，缩小了人际交往的距离，但其交流方式本质上是通过电子设备介导的，即所谓的"人—机—人"模式。这种交流方式与现实生活中的面对面交流相比，存在显著区别，最突出的一点就是它缺乏真实感和社会属性，往往被描述为"去社会化"的。

在互联网上，人们主要通过文字、图片和视频等数字信号进行沟通，这种交流方式减少了非语言交流的成分，如肢体语言、面部表情和语音语调等，这些都是人类面对面交流的重要组成部分。学生在长期依赖网络交流的过程中，可能会逐渐减弱在现实环境中进行有效口头沟通的能力，这对他们的社会交往技巧造成了潜在的负面影响，特别是口语表达和即时反应能力的锻炼。

另外，为了增强吸引力，网络信息趋向于高度图像化，大量的图片、动图和视频成为信息传递的主要形式。这种视觉导向的学习方式可能使学生过度依赖"看"而忽视了"思考"，减少了对信息的深度理解和批判性分析。学生可能会养成一种习惯，即遇到问题时首先想到的是上网查找现成答案，而不是独立思考或尝试解决问题，这种行为模式可能导致学生缺乏创新思维和问题解决能力的培养，进而影响其综合素质的提升。

因此，虽然互联网为教育带来了便利和资源，但教育者和学生都应意识到其潜在的局限性，尤其是对社会技能和深度思考能力的影响。在利用网络资源的同时，我们有必要平衡线上与线下学习，鼓励学生参与现实生活中的互动，培养批判性思维和独立解决问题的能力，以促进全面发展。

二、互联网辅助日语教学的路径

（一）构建综合的校园网

校园网络，作为融合了多媒体技术与现代通信网络技术的产物，构建了一种服务于学校学习、教学、科研与管理的综合型局域网络环境。它不仅实现了校园内外的信息互联互通，还提供了包括电子邮件、远程教育、在线会议、资料检索、信息发布等一系列信息服务，为师生打造了一个数字化的学习与工作平台。

校园网的应用极大丰富了教学模式。教师可以高效获取各类信息资源，从中提炼有价值的内容，用于教学设计与学术研究，持续充实自身知识体系，更好地满足学生对知识的渴望。利用网络，教师可以采用多媒体课件进行生动的教学演示，学生则借助视听设备参与学习，教师亦可在线布置作业，及时评估学生的学习成效，快速响应学生的问题，制定有效的教学策略。优质课程与教学资源的网络化，促进了教育资源的共享，提升了全体教师的专业素质，对提高教学质量起到了积极作用。

校园网的架构包含三大要素：网络硬件系统、网络软件系统与网络信息资源。硬件系统，由服务器、用户终端及通信设备构成，负责信息的存储、传输与访问。软件系统，涵盖网络操作系统、管理系统及应用软件，负责硬件管理和信息处理。信息资源，作为网络的核心，集合了教学、科研等领域的数字化资料，为用户提供了丰富的知识内容。

在规划校园网时，我们需坚持硬件设施与信息资源并重的原则，既要确保硬件系统的稳定与高效，也要不断扩充和优化信息资源库，力求以最小成本构建高性能的网络基础设施，同时，高度重视信息资源的建设，确保网络软硬件共同服务于高质量的教学与科研活动，推动学校信息化建设迈上新台阶。

（二）构建一个高水平的网络日语教学团队

构建一个高水平的网络日语教学团队，是确保网络日语教学顺利进行的基础与关键。为此，我们的首要任务是集结一批既精通日语专业知识、深谙语言教学法，又熟稔网络应用技术，对网络文化有深刻见解，能够自觉将现代信息技术融入日语教学实践，有效开展在线教学的师资力量。

要打造这样的教学团队，日语教师不仅需要拥有扎实的日语功底和丰富的辅助学科知识，如教育学、传播学、法律、经济、管理、心理学及历史等领域的知识，还需掌握先进的计算机技术、网络通信技术及多媒体技术，并能熟练运用这些技术于日语网络教学中，随时应对教学中遇到的技术难题。教师们需成为多面手，既能传授语言知识，又能驾驭科技工具，唯有如此，教师才能在网络教学中树立权威，赢得学生的信任与尊重。

这一过程要求教师不断自我提升，将语言学识与信息技术紧密结合，创新教学方法，提升教学效能。通过网络平台，教师可以创建互动性强、内容丰富的教学环境，满足学生个性化学习需求，同时，利用数据分析追踪学生学习进度，及时调整教学策略，确保每位学生都能获得高质量的教育体验。培养兼具语言专长与技术素养的网络日语教学团队，对于推动日语教育现代化，提升教学效果具有不可估量的价值。

（三）开展平等互动的日语网络课程

随着计算机与互联网的广泛渗透，从工作场所到居住社区乃至校园，皆已铺设好基础设施，这为网络课程的开展提供了坚实的硬件支持。网络课程凭借其灵活性，能适时更新教学内容，涵盖最新日语读物、学术期刊、优质网站推荐，以及前沿理论探讨与研究方法解析。此外，虚拟教师形象的设定，满足不同学习者的审美偏好，增添了教学的人性化色彩。网络课程打破了传统教育的时间与空间壁垒，通过丰富多元的信息资源，激发学习者的探索热情，实现个性化学习路径的定制，提升了学习效率与质量。

网络课程的构建需紧密结合互联网特性，巧妙运用各类媒介，如以视频重现日本历史，用音频教授日语发音，营造沉浸式学习体验。系统内嵌多元化的课程模式，允许学习者依据个人需求挑选适宜的学习路径，确保教学内容的精准投递。课程体系还应包含评估机制，通过多样化试题检验学习成果，辅以题库管理功能，追踪学习者的薄弱环节，引导后续学习方向。

网络课程的教学方式分为同步与异步两大类。同步模式下，尽管师生身处异地，却能在同一时间线上互动交流。教师需精心准备教学素材，将其转化为多媒体格式，上传至网络，实现远程教学的即时性与互动性。异步模式则赋予学习者更大的自主权，教师预先录制课程，上传网络，学生按需下载学习，通过电子邮件、即时通信软件或在线论坛与教师及其他学员沟通，形成开放式的知识共享平台。异步模式虽便于灵活安排学习时间，但缺乏即时反馈，且依赖稳定的网络连接与充足的数字资源。

（四）建设互联网日语教学阵地

1. 加强日语主题网站（网页）的建设

强化日语教学的网络阵地，构建融合思想启发、知识传授、趣味激发与服务便利的特色日语教育网站，是网络日语教学发展的基石。其关键在于精准定位，打造多元化、个性化且贴近师生实际需求的在线学习平台，确保内容全面且综合，以适应不同学生的发展特点和学习要求。通过多媒体技术的应用，教育方式更加生动，契合互联网用户的偏好与习惯。

提升网站信息服务的时效性和互动性至关重要，这包括快速响应更新，采用创新传播方式，以及融入最新日语学习趋势，确保教学材料的现代感。互动机制的设计，如用户注册系统、在线问答、实时通信、动态资讯推送和多维度信息检索，能够促进用户与平台的有效沟通。同时，聊天室、论坛和虚拟社群的建立，促进了用户间的经验分享与交流，营造了活跃的线上学习氛围。

日语教育网站一旦建成，持续的管理和更新不可或缺，教师要依据学生反馈和学习需求的变化，灵活调整内容，利用网络媒介信息传输迅速的特点，确保信息的新鲜度和相关性。通过这些措施，教师可以构建一个既稳固又充满活力的网络教学环境，为学生提供丰富、全面的日语学习资源，助力其语言技能的提升。

2. 建立网上日语专题资料库

鉴于计算机卓越的信息处理与存储能力，我们应当充分利用网络资源，构建与日语学习密切相关的专题数据库网络。该数据库应涵盖社会文化、文学作品、国家概况、异域风情、词汇语法、听说读写及考试辅导等多元化内容，旨在为学生提供一个全方位、一站式的日语学习资料库，使他们能够在任何时间、任何地点便捷地获取所需信息，深化对日语及其文化的理解。

在设计日语专题资料库时，集成学习书签与高效搜索工具是关键。学习书签功能允许学生标记重要或感兴趣的学习材料，方便日后回顾复习。而强大的搜索工具则确保学生能够迅速定位所需内容，节约查找时间，提高学习效率。通过这些工具的运用，学生能够更加自主、高效地管理个人学习进度，探索日语世界的丰富内涵，从而在语言学习的道路上取得更大成就。

3. 建设网上日语影院

欣赏优质的日语影视作品，不仅能显著提升学生的学习兴趣，还能有效增强其听力理解与口语表达能力。鉴于日剧，尤其是日本动漫在学生群体中的极高人气，我们可以充分利用互联网平台，构建一个专属的日语影视资源库。这个在线"日语影院"应提供丰富的影片选择，让学生能够根据个人喜好和学习需求，自由点播，即刻观看，以此实现个性化的学习体验，达到日语教学的精准定位、即时反馈、直观感知、生动演绎与美学熏陶的完美融合。

然而，内容的选择至关重要。我们务必精心筛选，确保所选影片语言规范、主题健康向上，剔除任何可能对学生产生负面影响的不适当内容。提供高质量的日语影视资源，不仅能够激发学生的学习热情，还能在潜移默化中培养其正确的价值观和审美观，使日语学习之旅更加丰富多彩且富有成效。

4. 拓宽日语网络沟通新渠道

除了前述策略，常见的在线沟通工具，如电子邮件（Email）、博客、即时通信软件（QQ、微信等），均可作为日语教学的有力补充。以 Email 为例，其作为互联网基础服务，以快速传递、多功能性、操作简便与安全性著称，是开展日语辅助教学的理想途径。通过 Email，教师与学生能在轻松自在的心境下，于平等与和谐的环境中实现非实时但深入的交流。这种交流模式鼓励学生自由表达，使教师能全面洞察学生的思想动态与学习难点，进而精准施策，显著提升外语教学的针对性与效果。同时，博客与即时通信工具的运用，进一步拓宽了师生互动的渠道，促进了日语学习的个性化与即时反馈，为教学活动注入了更多活力与效率。

5. 进行网上日语讲座和咨询

网络课堂为日语教学提供了无限可能，整合榜样、名人与权威的影响力，定期邀请相关领域的专家、学者进行在线讲座，不仅能够激发学生的学习热情，还能有效拓展其学术视野。这些讲座应涵盖丰富的日语学习资源，如可下载的音频、视频资料，以及互动交流平台，允许学生按需索取，反复聆听，甚至直接与权威人士进行交流或对话。此举打破了传统讲座的时空限制，使得高质量的教育资源得以广泛传播，帮助学生更深入地理解和掌握日语及相关文化知识。

此外，构建在线咨询系统也是提升教学互动性的有效手段。该系统可定期或不定期地收集学生关心的热点问题，安排教师在线值守，即时解答疑问，或通过电子邮件、微信、QQ 等通信工具进行一对一交流，确保每位学生都能得到及时、个性化的指导。这种即时反馈机制不仅增强了教学的针对性，也为学生提供了更为便捷、高效的求助渠道，有助于构建一个充满活力与创新的在线学习社区。

第二节　日语在线教学资源的开发与应用

一、课程资源点播平台的开发和应用

（一）课程资源点播平台的概念与内容

资源点播，作为数字化时代的一种创新服务模式，允许用户按需获取视频、音频内容，覆盖了娱乐、教育、商业等多个领域，包括娱乐资讯、时政新闻、流行音乐、课程资料及企业宣传视频等多元化应用。课程资源点播平台，依托数字技术和网络基础设施的升级，标志着资源传播方式的革新，它在理念与实践上超越了传统模式，实现了质的飞跃，不仅在形态上创新，更在传播理念和应用上开创了新篇章。

（二）课程资源点播平台的功能模块

课程资源点播平台的核心架构围绕五大关键模块展开，旨在提供全面的用户管理与课程资源操控功能：

1. 用户权限管理模块：此模块专注于登录验证，确保用户身份的真实性与权限的准确性。当用户提交账户名与密码后，系统将在数据库中核实用户信息，验证成功后根据用户等级授予相应的操作权限，不同级别用户享有不同功能权限。

2. 用户信息管理模块：涵盖用户信息的全生命周期管理，包括新增、删除、修改与查询，适用于会员与管理员，具体操作依据用户权限执行。例如，新用户注册对应信息添加，会员自行修改资料，而管理员有权调整会员信息及执行删除操作，超级管理员则拥有最高权限，可管理所有用户与管理员信息。

3. 用户信息查询模块：允许用户根据权限查询个人信息，普通用户仅限查看自身资料，管理员可查阅并修改其他用户信息，超级管理员则能通过用户名查询所有会员及管理员详情。

4. 课程资源查询模块：为所有用户提供课程资源搜索服务，不同于用户信息查询模块，本模块不设权限限制，用户可按资源名称或类型进行实时检索，获取所需课程资料。

5. 课程资源管理模块：涉及课程资源的全面管理，包括上传、下载、修改与删除。非注册用户仅能浏览与搜索，注册会员享有上传与管理个人资源库的权限，管理员可操作所有课程资源，而超级管理员与管理员具有同等资源管理权限。

通过上述模块的协同运作，课程资源点播平台确保了资源的有序管理与用户的高效使用，同时兼顾了安全与个性化需求，为在线学习提供了坚实的技术支持。

（三）课程资源点播平台涉及的主要技术

1. 系统技术

在课程资源点播平台的构建中，四大核心系统——网络系统、服务器系统、客户端系统与媒体采集机系统——协同作用，确保了高质量的教学资源传输与用户交互体验。

网络系统：作为平台的神经中枢，网络系统负责音视频教学资源的实时传输，其技术核心包括快速以太网、ATM 技术，物理介质涵盖有线电视同轴电缆、光纤与双绞线。网络系统的设计需兼顾当前教学资源的传输需求与未来可能的增长，确保传输速率与质量，为平台稳定运行奠定基础。

服务器系统：由视频服务器、档案管理服务器、内部通信子系统与网络接口构成，其中视频服务器扮演关键角色，负责接收用户点播请求，验证权限，检索数据存储位置，并提供视频流传输及 VCR 控制支持，是视频点播服务的基石。

客户端系统：基于个人通信设备，通过 Web 浏览器或局域网应用程序实现，用户借此进行资源点播，接收多媒体资源，并可进行回放、重播、暂停等操作，为用户提供了灵活的交互体验。

媒体采集机系统：集资源采集、数字化、编码与传输功能于一体，用户利用该系统捕获学习信息，经数字化处理与编码后，将资源上传至平台，丰富了课程资源库，促进了知识的共享与交流。

这些系统相互依存，共同支撑了课程资源点播平台的高效运转，为在线教育提供了技术支持与服务保障。

2. Windows Media 编码器技术

在使用 Windows Media 编码器进行内容编码前，建立编码会话是首要步骤。一旦会话创建完毕，我们即可着手内容的编码工作。在配置编码器的参数时，有四点需格外留心：

源类型确认：需识别源的类别，包括音频、视频或脚本，确保会话中至少包含音频或视频源之一。

源的必要性：编码会话中必须至少包含音频或视频源，这是编码的基础。

源的灵活性：源的添加可以在编码开始前或过程中进行，数量上并无上限，提供高度的定制性。

首源建议：推荐首个配置的源能够支持全部三种源类型，以增强编码的兼容性与灵活性。

Windows Media 编码器的这一特性允许在同一会话中整合多种类型的源，尽管每次只能处理一个源，但可在不同源间自由切换，实现内容的多样化传输。例如，在直播日语课程时，我们可预先设置欢迎、课程主体、中场休息及结束语的源文件。直播开始时，从欢迎界面切入，随后过渡到课程主体内容，根据教学进程灵活切换至教师讲解，中场休息时自动跳转至休息片段，最后以结束语源收尾，全程流畅自然，极大地丰富了直播的教学体验与互动性。

3. 触控技术

触控技术的核心在于熟练掌握触摸屏系统与触控课件设计。触摸屏系统的性能显著受环境因素影响，因此，为达到最佳配置与应用效能，教师应依据特定应用情境精挑细选触摸屏系统。市场倾向选择电阻感应屏系统，主要基于两大理由：首先，这类屏幕具备出色的防护能力，能够有效抵抗水、尘埃与油渍，使得其在较为严苛的条件下仍能保持稳定运行，适用范围广；其次，成本优势明显，经济实惠。

在触控课件设计方面，关键理念聚焦于创造既美观又实用的用户体验。界面应当设计得优雅且吸引人，确保视觉上的愉悦感受；导航架构需条理分明，逻辑清晰，便于用户快速定位所需内容；操作流程简化至极，确保用户能够迅速掌握并高效使用。此外，课件内容应融合多媒体元素，如声音、影像、动画及文本，构建多感官交互模式，提升用户参与度，适应个性化学习需求，促进内容的深度吸收与理解。

上述策略不仅提升了触摸屏系统的实用性与适应性，同时也优化了触控课件的交互性和吸引力，共同推动触控技术在教育、娱乐等多个领域的广泛应用与创新。

二、日语教学移动终端传播平台的开发和应用

（一）移动教学

移动教学革新了传统教育模式，借助移动设备与校园网络中的云端资源，实现了教学的灵活性与便捷性。有别于学校内固定的多媒体设施，移动终端，尤其是平板电脑，凭借其便携性与多功能性，成为推动这一变革的理想载体。平板电脑不仅具备常规的互联网接入能力，还拥有适中的屏幕尺寸，便于携带，这些特性使其在移动教学场景下大放异彩。

平板电脑的传播优势，很大程度上归功于校园网络后端的云服务。云，实质上是在网络上构建的虚拟服务器集群，为教学资源提供了无限的存储与分享可能。教师能够轻松上传各类教学材料，包括演示文稿、文档、电子表格及音视频文件至云端，构建一个丰富的教学资源库。

在实施移动教学时，学校可以采取渐进式推广策略。起初，学校可在少数教室试行，让教师逐步熟悉平板电脑的操作与云端资源的利用。随着教师技能的提升，这一模式可扩展至全校，此时，教室只需配备无线投影设备。教师手持平板，即可完成授课，无须依赖固定的多媒体设备。如此一来，移动辅助教学不仅极大地丰富了教学手段，也提高了教学效率，只要基础设施到位，这种灵活的教学模式有望在学校中广泛普及。

（二）移动学习

移动学习概念的核心在于，每位学生配备一台移动设备，以此替代传统纸质教材，开启创新学习之旅。通过移动终端，学生能无缝接入学校网络教学平台，无论身处校园内外，都能实现与课堂的实时互动，参与视频会议，享受个性化学习体验。这种模式不仅打破了地理位置的限制，还为学生提供了多元化的沟通渠道，如文字聊天、小组讨论、资料共享等，促进了更深层次的协作与交流。

移动设备在学习过程中的应用，不仅限于在线课程，还能辅助学生进行实时笔记记录、即时查询学习资料，极大地丰富了学习方式。尽管当前学校中移动设备的普及率尚待提高，但移动学习作为未来教育的趋势，正逐步改变着教学模式。然而，值得注意的是，移动学习的主动权在于学生，若自我管理能力不足，易导致注意力分散，如沉迷游戏或浏览无关网页，影响学习效果。

在移动教学与学习的融合进程中，教师，尤其是信息技术教师，扮演着至关重要的角色。他们需紧跟科技发展步伐，探索并引入最先进的信息传播平台，以促进教学创新。因此，学校应加大对信息技术教师的专业培训力度，确保其掌握前沿技术，引领教育信息化潮流，从而推动学校持续发展，适应未来教育需求。

三、虚拟现实技术在日语教学中的开发和应用

（一）虚拟现实教学的要素

1. 虚拟学习环境

虚拟学习环境，作为融合知识空间、学习者角色与辅助工具的综合体系，远不止于单一的教育网站或虚拟现实技术的范畴。它构建了一个包罗万象的知识空间，为访问者提供了丰富多样的信息资源，满足了知识获取、扩展、留存、更新与共享的多重需求。在这一环境中，学习者不仅能够进行传统意义上的阅读、写作、报告撰写与语法学习，还能扮演知识贡献者、问题解决者及学习评估者的多元角色，实现从被动接受到主动探索的转变，这与现代教育理念中"以学习者为中心"的导向相契合。

虚拟学习环境复刻了现实学习场景中的诸多要素，如虚拟课堂、数字图书馆、知识交流平台及学术研讨空间，借助这些工具，学习者能够实现信息的高效共享、协作交流与自我管理。设计者通常会纳入自我学习模块与在线教程，前者旨在培养学习者的自主学习与自我调控能力，后者则侧重于提升其交际互动与合作学习的技能。通过精心设计的虚拟学习环境，教育者能够激发学习者的内在潜能，促进其全面发展，同时，这一环境也成为了实现个性化教育与终身学习愿景的重要载体。

2. 虚拟教师

虚拟教师在虚拟现实教学中扮演着关键角色，他们不仅负责引导学习者和解答疑问，还帮助学生收集和管理学习资源，以避免信息过载和资源迷航。这些教师能够根据学生的不同需求进行个性化教学，及时解决学习问题，并灵活调整教学计划和方法。此外，他们还促进教学资源的共享，并与其他教师进行有效的交流与合作。

3. 虚拟学习者

在虚拟现实教学系统中，学习者的角色不受年龄、性别、民族或地域的限制，他们可以来自任何背景。学习者不再按照传统的智力水平或年龄阶段来组织，而是根据各自的学习需求来构建学习群体。在这个系统中，所有学习者都以平等的身份参与学习，共同进步。

4. 虚拟教学资源

虚拟教学中的教学资源是以数字符号的形式存在的，如一段文本内容、一次虚拟实验、一个多媒体课件等。教学资源虚拟化可以解决随着招生规模的不断扩大带来的学校资源紧缺、试验设备陈旧及更新缓慢等日益突出的问题，同时也是一种在新的技术支持下解决我国教育均衡发展的有效方式。

（二）虚拟现实日语教学中的教学方法

1. 情境模拟教学法

情境模拟教学法通过模拟或再现特定语言情境，让学习者在真实感强的环境中学习，这种教学法能在短时间内有效提升学习者的认知能力。它具有直观、高效、启发

性强等优点，并且能够借鉴专家的教学经验，全面开发学生的智力和学习能力，对教学改革有深刻影响。在仿真情境中，学生作为参与者，通过角色扮演提高社会责任感和知识面。

进行日语教学的情境模拟教学法主要有两大类方法：

利用计算机辅助系统进行模拟教学，依赖计算机技术、网络技术等，结合控制理论等，是一种技术应用课程的教学手段。

创设具体情境进行角色扮演，包括情境背景、流程、任务分配和演练，特别适合模拟事件发展过程，如外贸业务洽谈或涉外日语交流。

教学环节设计需科学，一般包括以下七个步骤：设计教学方案、创设虚拟环境、选择角色与任务、准备演练、实施演练、验证效果、讲评。设计时我们需全面分析可能存在的问题并做好充分准备。

2. 启发探究教学法

杜威，美国著名教育家与实用主义哲学的奠基人，其启发探究教学法深刻影响了现代教育理念。该教学法主张通过五个步骤引导学生主动参与学习过程：

创设情境：教师利用虚拟现实技术构建一个引人入胜的情境，激发学生的好奇心，促使他们提出问题。

提出问题：学生在观察与分析情境的基础上，独立思考，基于已有知识经验，对问题的解决方案作出多种假设。

收集证据：对假设进行梳理与分析，设计验证方案，通过观察、调研等手段搜集支持或反驳假设的证据。

验证假设：对收集的证据进行综合处理，采用图表、实验等方式验证假设的合理性与可行性。

反思修正：审视验证过程的严谨性，评估证据的可靠性，对结论进行批判性思考，若结论与假设不符，则需调整探究方向，同时鼓励学生分享见解，接受他人反馈，不断完善结论。

在启发探究教学法中，教师扮演指导者角色，适时引导学生，鼓励其基于已有知识，对新知识进行主动探索与构建，实现知识的深度理解和创新应用。这种方法强调学生学习的自主性、探究性与合作性，通过团队协作解决问题，这既锻炼了学生的推理与判断能力，也培养了其科学探究精神与团队合作意识，显著提升了学习效率与目标达成度，为学生终身学习与全面发展奠定了坚实基础。

参考文献

[1] 金玉．日语翻译教学与翻译人才培养研究 [M]．哈尔滨：东北林业大学出版社，2023．

[2] 符莹．现代大学日语教学理论与实践模式研究 [M]．北京：群言出版社，2023．

[3] 齐娜，李娅，魏海燕．日语教学与翻译方法研究 [M]．哈尔滨：哈尔滨出版社，2023．

[4] 李漫琪．大学日语教学理论与实践模式研究 [M]．长春：吉林出版集团股份有限公司，2023．

[5] 陈艳．日语教学理论与模式探究 [M]．长春：吉林出版集团股份有限公司，2023．

[6] 张昀．日语教学与思维创新探索研究 [M]．长春：吉林出版集团股份有限公司，2023．

[7] 周乔．日语教学模式与方法的创新研究 [M]．长春：吉林出版集团股份有限公司，2023．

[8] 戴小清．跨文化交际视角下的日语教学研究 [M]．重庆：重庆出版社，2023．

[9] 李明姬．跨文化交际视域下的日语教学探究 [M]．北京：新华出版社，2023．

[10] 王佳梦．日语教育教学研究 [M]．北京：学苑出版社，2023．

[11] 马丽丽．日语创新模式教学研究 [M]．长春：吉林出版集团股份有限公司，2023．

[12] 张壮．日本文化与日语教学综合探究 [M]．长春：吉林出版集团股份有限公司，2022．

[13] 李晓艳．日语教学的理论与模式研究 [M]．长春：吉林出版集团股份有限公司，2022．

[14] 陈为民．日语教学的模式分析与跨文化视角解读 [M]．长春：吉林出版集团股份有限公司，2022．

[15] 侯占彩．日语词汇与词汇教学研究语言文化认知对比 [M]．北京：九州出版社，2022．

[16] 杨菁．日语教学理论与实践研究 [M]．北京：中国纺织出版社，2022．

[17] 钟勇．原型理论视角下的日语多义词学习与教学 [M]．武汉：武汉大学出版社，2022．

[18] 鲁畅．日语专业语言能力标准研究 [M]．沈阳：辽宁人民出版社，2022．

[19] 张锐．现代日语教学思维创新与实践探索 [M]．长春：吉林人民出版社，2021．

[20] 于康．日语偏误与日语教学研究第 6 辑 [M]．杭州：浙江工商大学出版社，2021．

[21] 王珏．创新视角下的日语教学内容与方法研究 [M]．长春：吉林出版集团股份有限公司，2021．

[22] 孟红淼．跨文化交际视角下的高校日语教学策略探究 [M]．长春：吉林出版集团股份有限公司，2021．

[23] 王珏，胡雅楠，张研．现代高校日语教学与跨文化交际融合研究 [M]．长春：吉林出版集团有限责任公司，2021．

[24] 毕泽慧．日语语境与互动教学研究 [M]．北京：北京工业大学出版社，2021．

[25] 侯占彩．认知语言学视角下的日语教学探究 [M]．北京：知识产权出版社，2021．

[26] 川野宏平，王磊，黄周．新编基础日语写作 [M]．苏州：苏州大学出版社，2021．

［27］宋琳，艾昕，崔爽．日语教学与文化视角［M］．北京：中国纺织出版社，2020．

［28］方静，吴翠平，杨景．大学日语教学研究［M］．长春：吉林出版集团股份有限公司，2020．

［29］李星．日语文化教学研究［M］．北京：北京工业大学出版社，2020．

［30］杜红坡．日语教学与测评研究［M］．北京：外语教学与研究出版社，2020．

［31］王红．日语泛读教程2［M］．西安：陕西师范大学出版总社，2020．

［32］李宁宁．日语教学与思维创新探索［M］．长春：吉林人民出版社，2019．

［33］程青，张虞昕，李红艳．日语教学理论与实践模式研究［M］．长春：吉林人民出版社，2019．

［34］丁尚虎，赵宏杰．社会语言学与日语教学研究［M］．上海：上海交通大学出版社，2019．

［35］郭晓雪．互联网＋时代的日语教学模式探究［M］．北京：北京工业大学出版社，2019．

［36］宋艳军，彭远，凡素平．全球化语境下的日语文化教学研究［M］．青岛：中国海洋大学出版社，2019．

［37］董春芹．跨文化视域下的日语教学研究［M］．长春：吉林人民出版社，2019．

［38］李小俞．中日文化差异与日语教学研究［M］．长春：吉林大学出版社，2019．

［39］王宁．日语教学策略与创新思维探究［M］．北京：北京工业大学出版社，2019．

［40］冯莉．翻转课堂趋势下的日语互动教学研究［M］．北京：北京工业大学出版社，2019．

［41］任海丹．新课标背景下的日语专业阅读教学研究［M］．北京：北京工业大学出版社，2019．

［42］刘婷．日语翻译与语言文化［M］．北京：中国纺织出版社，2019．

［43］赵平，熊玉娟，杨红军．基础日语综合教程［M］．苏州：苏州大学出版社，2019．